가운 혁명

가운 혁명

의료계엄에 저항한 의사들의 1년

김달현(도리킴) 지음

도서출판 새빛
SAEVIT

추천사

의대 증원 사태로 촉발된 의료농단 사태가 1년을 넘어 2년째 장기화되고 있습니다. 미래 대한민국 의료를 짊어지고 갈 의학교육이 2년째 마비되고 있고 전공의들도 방황하고 있습니다. 교수들도 희망을 잃고 떠나고 있습니다.

사상 초유의 일이고 국가 재앙이고 타 국가에서도 유례를 찾기 힘듭니다. 국민의 생명권이 달린 대한민국 의료가 급격히 붕괴되고 있음에도 제대로 된 진단도 제대로 된 해결 노력도 자성도 없습니다.

이런 중차대한 국가 의료 위기 시기에 발간되는 『가운혁명』은 2024년 의료농단 사태의 원인과 문제점, 나아가 대한민국 의료 체계의 문제점과 대한민국 의료가 나아갈 방향의 제시를 통하여 의대 증원 사태로 인한 국가 의료붕괴 위기의 해결책의 고민을 담은 좋은 책이라고 생각하여 추천드립니다.

이동욱 | 경기도의사회 회장

저자의 『가운혁명』은 단순히 의료계의 한 해를 다룬 책이 아닙니다. 이는 대한민국 의료 시스템의 심각한 위기와 그 속에서 저항하고 싸운 젊은 의사들의 현실을 생동감 있게 그린 기록이자, 한국 사회의 의료 시스템과 정책에 대한 중요한 성찰을 담고 있습니다.

저자는 의료계의 문제를 단지 표면적인 현상에 그치지 않고, 그 근본적인 원인과 사회적 배경을 철저히 분석하며, 필수의료 정책을 둘러싼 갈등을 실질적이고도 깊이 있게 다룹니다. 또한, 전공의들의 대규모 사직과 그로 인한 의료 시스템의 붕괴 과정을 예리하게 포착하며, 그들의 목소리를 대변하고 있습니다.

특히, 이 책은 의료계 개혁이라는 이름 하에 진행된 정책들이 의료 현장에서 어떻게 실행되었고, 그로 인해 발생한 혼란과 고통들을 고스란히 전달하고 있습니다. 젊은 의사들의 저항을 중심으로 한 이이야기는 의료계뿐만 아니라, 우리의 사회적 시스템과 가치를 다시 한번 되돌아보게 만듭니다.

저자가 제시하는 '가운혁명'은 대한민국 의료계의 위기와 그 속에서 피어난 의사들의 용기 있는 저항을 잘 담아내어, 우리가 의료의 미래를 어떻게 만들어갈 것인지에 대한 깊은 고민을 안겨줍니다. 의료계의 현안을 고민하는 모든 이들에게 이 책을 강력히 추천하고 싶습니다.

이정용 | 대한내과의사회 회장

추천사

이 책은 대한민국의 정치적, 사회적 격변 속에서 젊은 의사들의 목소리를 담은 강렬한 기록입니다. 저자는 용기와 지혜로 불합리한 현실에 맞서 싸우며, 절차적 정당성과 개인의 존엄성을 중시하는 보수의 가치를 상기시킵니다. 이 글을 통해 독자들은 대한민국 의료시스템 붕괴의 현장과 그로 인한 희생, 그리고 이를 막기 위한 젊은 의사들의 헌신과 노력을 생생하게 느낄 수 있습니다.

저자는 절망 속에서도 희망을 찾고자 하는 인간의 의지와 함께, 역사의 기록을 통해 미래를 향한 교훈을 남기고자 합니다. 그로 인하여 현재의 나 자신을 성찰하고, 더 나은 미래를 위해 노력하는 모든 이들에게 큰 울림을 줄 것입니다.

이 책을 읽는 모든 분들이 저자의 깊은 통찰과 함께 대한민국 의료시스템의 현 위치와 사회적 가치에 대해 다시 한번 생각해 보기를 바랍니다. 젊은 의사들의 '가운 혁명'이 의미 있는 변화를 이끌어낼 수 있기를 기대합니다.

김병철 | 대한이비인후과의사회 회장

많은 것들을 잘라냈습니다. 의업의 꿈과 자부심도, 미래에 대한 희망도, 이제는 소소한 일상마저도 포기했습니다. 저 뿐만 아니라 많은 퇴사 전공 의들과 휴학 의대생들도 그럴 것입니다.

하지만 자기 자신을 버려가면서도, 지난 1년간 정부로부터 갖은 탄압과 법적인 위협을 받아오면서도 지키고 싶었던 것은 있습니다. 바로 개인의 자유입니다. 최소한 "하지 않을 자유" 만큼은 빼앗길 수 없었습니다.

결국 이 사태의 본질은 국가가 부당하게 죄 없는 사회 초년생들과 학생들의 자유를 짓밟고 강요했다는 것입니다. 이러한 부조리는 젊은 의사들에게만 덮쳐오는 것도 아니고, 이번이 마지막도 아닐 것입니다.

그런 측면에서 『가운혁명』은 대단히 의미가 큽니다. 이 책이 그저 지난 1년의 기록만은 아닙니다. 자신의 생을 잘라내고 버텨내야 할지라도 부조리에 저항하는, 우리 젊은 세대 모두의 서사이기도 합니다.

이 사태의 끝이 언제 그리고 어떻게 다가올지는 모르겠습니다. 무엇이 남을지도 알 수 없습니다. 하지만, 뒤로 물러설 수 없다면 그저 앞으로 나아가야 합니다. 옳지 않은 것은 옳지 않은 것이기 때문입니다. 저는, 저희는 아직 여기에 있습니다.

유튜브 '청진기자르기' 운영자 | 퇴사한 전공의

추천사

성골보수聖骨保守의
시선으로 바라본 의료계엄 1년

의료계엄 　　　　　　　　　— 보수의 가치를 잃은 사람들

2024년은 의료계엄의 시대였다. 의료개혁이라고 시작을 하였고 1년의
시간이 지났다. 의사들을 악마화하고 다수의 시민들에게 지지를 얻기 위
해 진행했던 선거용 정책은 2024년 2월 6일에 정부의 '필수의료 정책 패
키지'를 발표하는 것으로 시작했다. 의사들은 반발하였고, 2월 19일에 전
공의들의 사직으로 의정갈등은 본격화되었다.

나는 의사가 되기 위하여 인생에 바친 시간들을 내던진 청년들이 악마화

되는 사회현상이 안타까웠다. 그래서 그들의 편에서 글을 쓰고 영상을 만들었다. 그 후로도 계엄과 같은 의료개혁은 지속되었고, 젊은 의사들의 스피커로서 1년을 보낸 필자는 감사하게도 대한민국 1%의 집단에게 보수주의 정론을 설명하고 이해시키는 정책평론가가 되었다.

윤석열 정부는 집권 초기에 부동산 정책부터 보수주의 정책의 길을 걷지 않았다. 빌라 전세 사건이 터지자마자 정부는 임대업자들을 모두 사기꾼으로 몰았고, DSR 규제를 더 강화하여 '스트레스 DSR'이라는 명목으로 다주택자들의 대출을 더 규제하였다. 대출을 받아서 전세금을 해결할 수 있었던 많은 임대업자들은 보증금을 돌려주지 못하는 사기꾼이 되고 말았다. 이때까지만 해도 필자는 전 제주 도지사였던 국토부장관의 정치성향(정통보수는 아니다)과 무능으로 인해서 그런 정책이 진행되었다고 생각했다.

그런데, 의료개혁에 있어서도 부동산 정책과 별반 다르지 않았다. 이 두 가지 큰 정책의 실패는 장관의 문제가 아니라 대통령의 문제라고 생각이 되었다. 심지어 의료개혁에서는 대통령이 마이크까지 잡았으니, 의료정책의 방향성이 곧 대통령의 방향성이라는 확신이 들었다.

윤석열 정부의 의료정책에는 두 가지가 존재하지 않았다. 보수의 정책이 아니었고, 청년의 정책이 아니었다. 보수주의의 정책은 시스템을 무너뜨리는 급격한 개혁과 혁명보다는 안정 속에서 발전을 추구하는 개선이어야 한다. 시스템을 모두 뒤집어엎는 의료개혁이라는 말은 문자로는 멋있을지 모르지만, 현실에서 진행되려면 상당히 미숙한 정책이 될 수밖에 없다. 프랑스 혁명과 같이 제도를 무너뜨리는 정책은 문명 사회의 많은 것을 무너뜨린다. 그리고 현재의 기득권에게만 초점이 맞추어진 개혁들(연금개혁, 교육개혁, 노동개혁, 의료개혁)은 청년들에게 미래의 희망이 사라지게 만드는 것이다.

젊은 의사들의 반발 속에서 무리하게 진행된 의료개혁은 지난 4월 10일 총선에서 여당에게 참패를 안겨주었다. 개혁신당이 가져간 102만 표 중 상당수는 의사인 이주영 의원을 비례대표 후보 1번으로 발탁함으로써 의사들이거나 의사들의 가족으로부터 얻어낸 표라고 분석이 된다. 만일 4월 1일에 대통령이 의료개혁을 중단하고 사과를 했다면, 전공의들은 진작에 복귀하였을 것이고 국민의 힘은 개혁신당이 가져갈 표를 상당수 흡수했을 것이다. 그렇다면 선거의 결과는 달라졌을 것이다.

결국 총선 패배 이후에도 대통령은 정책실패를 사과하지 않았고, "로드맵에 따라 뚜벅뚜벅 걷겠다."라는 어처구니없는 말로 청년의사들의 목에 칼을 겨누었다. 이것은 사적 재산권의 침해였고, 직업선택의 자유를 억압하는 것이었다. 어떻게 보수주의 정권에서 재산을 침해하고 자유를 억압할 수 있는지 기가 찰뿐이었다. 이러한 관점에서 필자는 정부의 정책을 비판하였고, 대통령의 대파 875원 발언, 대왕고래 석유탐사 등의 발표를 할 때마다, 엉터리 정책을 비판하였고, 또 의사들의 대처가 미흡할 때도 필자의 생각을 거침없이 이야기하기도 했다.

일련의 사건 속에서 의사들은 필자의 의견에 귀를 기울이기 시작하였다.

6월에는 대한이비인후과협회에서는 필자를 초청하여 '비의료인이 보는 필수의료 정책 패키지'에 대한 의견과 전공의들에게 해 주는 메시지를 듣기를 원했고, 8월에는 대한내과협회에서는 '대한민국의 의료에 대한 청사진'을 제시해 주기를 원했다.

이때까지만 해도 의료개혁이 사과로 끝나기를 바랐지만, 결국 1년 가까이를 자신의 고집대로 진행해온 윤석열 정권은 12월 3일에 비상계엄령을 선포하며 자멸하고 말았다. 전공의를 처단하겠다는 갑진정변은 2시간 만에 국회에 의해서 무력화되었고, 12월 14일 대통령은 탄핵이 되었다. 필자는 당일에 열린 제55차 의료계엄 규탄 집회에서 연사로 초청되어 윤석열 정부의 의료개혁의 문제점을 규탄하고, 젊은 의사들의 비폭력 저항운동을 '가운혁명'이라고 선언하였다.

윤석열 정부는 보수의 가치를 잃어버린 위장 보수 우파 정권이다. 보수주의자들은 자신의 생각이 무엇인지도 모르는 채 나라님이 하는 일에 토 달지 말라며, 위장 보수 우파정권의 정책에 동조되었다. 보수를 궤멸시켰던 검사를 대통령으로 뽑아 놓고 또 그를 탄핵으로부터 지키겠다고 자랑스럽게 선언하기도 했다.

어제까지 의료개혁을 비판하던 평론가들도 어느새 윤석열을 지키겠다고 등을 돌리거나 의료에 대한 이야기를 슬슬 멈추기 시작했다. 어느새 보수 우파의 스피커의 대부분이 대통령을 우상화하는 가운데, 정론을 이야기하는 보수우파는 찾아볼 수가 없게 되었다.

정통 보수주의라면,
청년의 편에 서서 사회문제를 해결해야 한다

보수우파에 좌파평론가들이 이동하기 시작한 것은 김대중 정권에서 노무현 정권으로 넘어가면서부터이다. 뱅모, 황장수, 변희재 등 많은 사람들이 보수로 넘어왔고, 화려한 언변과 논리에 감탄했던 보수는 그들을 평론가나 패널로서 권위를 인정하였다. 그들은 보수의 스피커가 되어서 온·오프라인으로 활약을 했고 많은 팬덤을 확보하였다.

2012년 18대 대선을 앞두고 대한민국은 이념의 분리가 생기기 시작했다. 종편 채널이 출범하고 각 채널은 이념의 편향에 따라 방송을 하였다. 변희재 대표와 진중권 교수가 '사망유희'라는 토론을 통해서 격돌하였고, 진보좌파를 대변하는 진중권 교수의 패배를 지켜본 보수 우파 시민들은 정치평론가에게 열광하기 시작했다.

필자도 그런 부분에 매력을 느껴서 당시 보수 우파의 패널이었던 황장수 소장이 만들었던 시민단체 '싱크탱크 미래'라는 단체에 창립멤버로서 참가하였다. 개혁보수라는 캐치프레이즈를 가지고 창립했던 단체였고, 참가하여 다양한 사람들을 알게 되고 보수의 스펙트럼이 얼마나 넓은지 알게 되었다.

박근혜 당선과 탄핵과 문재인의 집권을 겪으면서 나라의 기반이 무너지는 것을 지켜보았고, 2020년에는 문재인의 폭정을 견디지 못하고 보수로 넘어온 정치평론가 유재일과 대장동 사건을 이슈화 시켰던 김경율 회계사가 함께 만들었던 미래대안행동(현 대안연대)의 활동가로 참여하였다. 기업에서 익혔던 문서작성 능력을 인정받아서, 간사로서 활동을 하게 되었다. 서민 교수가 합류하고, 좌파가 세금에 어떻게 기생하고 있는지를 파헤치는 '세금기생충박멸단'을 함께 진행하였다. 2022년까지 이재명 민주당 대표가 성남시장 때 진행했던 대장동, 성남 FC, 박원순 전 시장이 진행했던 서울 도시재생사업 등을 파헤치며, 진보좌파들의 명분에만 치우친 정책들을 비판하며 사회 이슈화에 중심이 되었다. 기생충의 대가인 서민 교수의 인지도를 앞세웠지만, 실질적인 조사들을 도맡아 처리하면서, 일반 평론가들은 알지 못하는 것을 많이 알게 되었다.

특히 나라의 정책이 어떻게 돌아가는지 알게 되고 언론과 시민단체가 어떻게 돌아가는지 많은 것을 깨닫게 되었다. 이때부터 사건에 대한 통찰력을 갖게 되었고, 의견을 피력시키는 방법과 일을 해결할 수 있는 인적 네트워크를 구축하게 되었다.

그중에 가장 보람 있던 일은 2021년에 일어났던 제28회 세무사 시험 논란이었다. 세무공무원 출신들이 면제받는 과목에서 일반 응시자의 81%가 과락을, 51%가 0점을 받았고, 그 결과 공무원 출신 합격자가 전년 대비 5배나 늘었다.

미래대안행동은 그 부분을 청년문제라고 생각을 했고 방송으로 다루었다. 그리고 그들에게서 연락이 왔다. 자신들이 노력을 해도 아무도 알아주지 않는다고, 이 싸움이 너무 힘들다고 하소연했다. 이 사태를 정상으로 돌리는 것이 진짜 시민단체가 해야 할 일이라고 생각했다. 그래서 정치인과 언론을 통하여 사방으로 그들의 억울함을 알렸다. 원희룡, 하태경 등 정치인들과 대선주자였던 안철수 캠프의 청년본부와 세무사시험제도개선연대(이하 세시연)을 연결시켜 주었다. 특히 '탐사보도 세븐'의 PD와 연결되어 세무사 시험의 부당함을 알렸고 2022년 1월 27일에는 제182회 '불공정에 우는 청년들'이라는 제목으로 TV조선에 방영되었고 본격적으로 사회에 이슈화가 되었다.

그 결과 2022년 8월에는 재채점을 통하여 75명의 추가 합격이 발표되었다. 물론 세시연이 주장한 것이 100% 반영된 것은 아니지만, 기득권 세력에 무기력했던 청년들의 외침이 제도로서 일부라도 반영이 되었다는 것에 필자는 큰 보람을 느꼈다.

의정갈등이 한창 무르익던 2024년 7월, 세무사 청년들의 희망을 빼앗아 갔던 '공직경력자 특례제도'가 사라졌다. 공무원 경력자들이 일부 시험을 면제받을 수 있는 근거가 되었던 기득권의 특혜가 사라진 것이다. 공무원이 면제받는 과목이 어려워져서 일반 수험생들에게 불리하게 작용할 수 있는 제도가 원천 차단되었다. 반칙과 특권이 생길 수 있는 근원이 제거되었다는 기사를 보면서, 필자는 젊은 전공의 편에서 끝까지 서기로 결심을 굳히게 되었다.

윤석열 대통령의 탄핵 이후 보수를 지킨다는 명목하에 의료개혁의 부당함을 외치던 자들이 잠잠해졌다. 보수코인을 타기 위해서 어제까지 비난하던 정권을 하루아침에 바꾸는 일들이 허다했다. 하지만, 세시연을 기억하는 필자는 무엇이 가치 있는 일인지 분명히 알고 있다. 이념은 추상적이지만, 정책은 구체적이게 마련이다. 누구나 보수를 외칠 수 있지만, 아무나 보수정책을 이야기하지 못한다. 보수의 정신이 살아있어야 보수의 정치를 이야기할 수 있다.

2022년 윤석열 대통령이 당선 된 이후 미래대안행동은 정권교체라는 소임을 다하고 재조직을 하게 되었다. 필자는 대안연대라는 이름으로 새로 출범한 시민단체에 사무처장이 되었다. 하지만, 청년의 목소리를 대변하려는 필자의 생각은 늘 큰 명분을 내세우는 대표진과 견해 차이를 좁힐 수 없어, 결국에는 조용히 단체를 나오는 것으로 마무리하였다.

시민단체를 하면서 좋았던 것은 사회에 진출하기 위해서 발버둥 치는 청년들에게 꿈과 희망을 줄 수 있었던 것이다. 하지만, 아쉬웠던 것은 이런 단체를 조직하고 움직이는 능력은 보수에게는 존재하지 않았다는 것이다. 결국 정통 보수우파의 생각은 조직화되기도 사상적으로 남겨지기도 쉽지 않은 부분이었다. 이러한 시민단체에서의 경험은 의정갈등속의 중심에서 스피커로서, 정책평론가로서 보수의 정론을 이야기할 수 있게 해주었다.

필자는 보수의 가치를 정론으로서 설명하는 스피커의 부재를 깨달았다. 그래서 개인 채널을 통하여 정통 보수주의를 무엇이라고 정의하고, 어떻게 재건해야 하는가를 고민하고 연구하며 글과 영상으로 기록으로 남겼다. 정론을 이야기한다는 것은 어렵고, 흥미가 떨어질 수 있는 내용일 수 있다. 하지만, 누군가는 그 콘텐츠를 착실하게 만들어야 한다고 생각했고 정말 누가 알아주든 말든 뚜벅뚜벅 사명을 가지고 나의 길을 걸었다. 그러던 중에 의료개혁이라는 사태를 맞이하게 되었고 필자는 보수주의의 통찰을 가지고 정책의 문제점을 비판하였다. 그리고, 대한민국의 1%가 나의 통찰에 귀를 기울이게 되었다.

가운혁명   —성골보수가 기록하는 청년들의 저항

80년대에 공안경찰의 아들이었던 필자는 잠복근무로 집에 한 번도 들어오지 못했던 아버지와의 추억은 없었지만, 민족중흥의 역사적 사명을 띠고 이 땅에 태어난 줄 알고 살아왔다. 초등학교, 중학교, 고등학교를 거치면서 '경쟁'을 당연한 삶의 원동력이라고 생각하였고, 인류 발전을 이끌 수 있는 원동력이라고 여기게 되었다. 학생이 되어서는 급작스러운 교육제도의 변경으로 혼돈의 세상 속에서, 내신과 본고사와 수능이라는 실험 대상이 되었고 급격하게 변화하는 교육 환경은 필자로 하여금 스트레스와 불안 속에서 살게 만들었다. 지긋지긋한 입시지옥을 벗어나 비록 농대이기는 하지만, 한국의 최고 대학에 입학하게 되었다.

운동권의 입지가 많이 사라진 수능세대였지만, 운동권의 전통이 강했던 농대는 88학번 복학생과 같은 교실에서 수업을 받았어야 했다. 많은 친구들이 늦은 학생운동의 길을 걷기도 하고, 심지어는 국가보안법으로 잡혀 가는 동기도 보았다. 공안경찰인 아버지는 사상교육을 받는다고 소문난 신입생 OT도 안 보내실 정도의 보수였다. 하지만, 보수적인 집안에서 아버지의 권위에는 지혜롭게 저항하면서 대학의 낭만을 누렸다.

90년대 중반에는 대학마다 학부제로의 전환이 이슈가 되었고, 나의 전공도 커리큘럼의 정체성이 흔들렸다. 이과로 수학 본고사로 들어왔는데, 전공은 문과의 커리큘럼을 따라가기로 했다. 농업교육과의 농촌사회교육전 공이었는데, 농업보다는 사회교육이 강조되면서 사회학과와 교육학과의 전공을 전공 선택과목으로 인정해 주게 되었다. 덕분에 전공선택을 통하여 교양의 개론보다 좀 더 깊은 수업을 받게 되었다. 서양의 축제를 다루는 인류학과의 '서양의 민족과 문화의 이해'라는 과목부터 영화의 역사를 한눈에 배울 수 있었던 신문학과의 '영화론'까지 다양한 사회학부의 전공을 수강하게 되었다. 특히 KBS 이사장을 보낸 이인호 교수님이 마지막으로 수업했던 1995년에 전공과목을 수강하였는데, 이때, 마키아벨리의 '군주론'부터 마르크스의 '공산당 선언'까지 책을 읽고 함께 토론을 했던 경험은 세상을 바라보는 안목을 길러주었던 것 같다. 또한 교육심리학에서 배운 칼융의 분석심리학은 요즘 유행하는 MBTI를 전문가의 시선으로 바라볼 수 있게 해주었다. 고등학교를 이과로 나와서 대학교 1·2학년의 교양은 이과의 교양으로 3·4학년의 전공은 문과의 전공으로 학습한 것이다. 이렇게 필자는 요즘 시대가 요구하는 교양과 상식을 갖춘 하이브리드의 융합적 사고를 갖추게 된 것 같다.

서울대 학생이었지만, 리더십을 경험하고 싶어서 ROTC로 군대를 지원하였고 비록 향토사단의 직할대인 기동대대의 통신소대장이었지만, 대항군 등 다양한 이유로 인하여 상급부대에 파견근무를 나가거나 출장을 갔었다. 사단은 물론이고, 군단과 군 사령부, 합참과 국방부에도 드나들면서 2년 4개월의 짧은 군 생활이었지만 초급장교로서는 상상할 수 없는 다양한 경험을 쌓았다.

제대 후에 이랜드라는 기업에 입사하였고, 영업뿐만이 아니라, 인사, 전략, 홍보까지 폭넓은 경력을 쌓게 되었다. 다양한 경험을 쌓고 학원 사업을 하였고, 실업계 학생들을 대학에 보내고 졸업을 시켰다. 기업과 사업을 통해서 젊은 사람들을 성장시키고 바로 세워 주는 일에 흥미를 느끼게 되었다. 그리고 나는 "젊은 사람들에게 '어른'이 되고 싶다"는 꿈을 가지게 되었다. 내가 하고 싶은 이야기를 그들에게 들려주는 꼰대가 아니라, 그들의 이야기를 듣고 교양과 상식을 동원해서 그들의 필요를 채워줄 수 있는 어른, 그런 '어른'이 되고 싶었다.

세시연 사건과 '가운혁명'의 사건은 이 시대를 살아가는 2030 보수주의의 미래를 보여주는 사건이었다. 젊은 세무사들의 직업선택의 자유를 짓밟은 것이 기성세대라면, 젊은 의사들의 사유재산과 직업선택의 자유를 짓밟은 것은 위장 보수 우파인 윤석열 정부이다.

필자는 시대의 어른으로서 젊은 의사들의 숭고한 정신과 비폭력 저항의 상징인 '가운혁명'을 보수주의의 정신으로 남겨서 계승해야 한다고 생각했다. 레거시 언론도, 코인 유튜버들도 아무도 이야기하지 않는 청년들의 저항을 성골보수인 필자의 통찰로 재해석하고 기록으로 남겨, 후대의 청년들과 보수주의자들에게 정신적 유산으로 물려주고 싶다. 이것이 필자가 생각하는 정통 보수주의의 재건의 첫걸음이다.

2025년 3월 도리킴 아카데미에서

김달현 드림

차례

2장 의료개혁인가, 의료붕괴인가?

3장 가운혁명
─역사에 남을 숭고한 청년들의 저항

4장 대한민국 의료의 청사진

1장

의료 소멸을 알리는
의료 붕괴의 서막

—의료 개악과 전공의의 사직

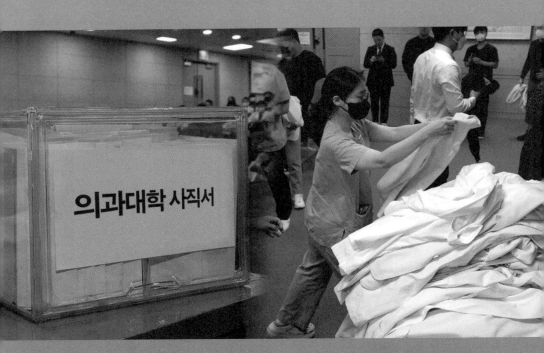

1. 의료 붕괴의 시작

─ 왜 전공의가 사직했을까?

정부의 필수의료 정책 패키지를 논하기 이전에 가장 중요한 이슈인 의대 정원의 확대에 대해서 생각해 봐야 한다. 그래서 나는 의사가 어떻게 됐는지 알아야 이 사태에 대해 이해할 수 있을 것으로 생각하고 의사가 되는 길을 정리해 봤다. 인터넷의 정보의 홍수 속에서 의사가 되는 길을 알아보는 것은 그리 어렵지 않았다.

의사가 되려면 의대를 가야 한다. 의대는 수능으로 간다. 수능에서도 거의 1% 안에 들어야 의대에 갈 수 있다. 이것부터 쉬운 길은 아니다. 수능을 메디컬 고시라고 할 만큼 수능에서도 거의 실수하지 않는 사람들이 들어가는 곳이 의대이다. 실수하면 사람이 죽는 곳이 의료시장이라고 봤을 때, 의대의 선발기준에 거의 부합하는 것이 수능이 아닌가 싶을 정도로 입시교육은 의대를 향하여 인재를 배출하는 구조가 되어 있다.

어찌 되었든 어렵게 입학하고 나면 두 가지 과정을 거치게 되는데, 하나는 예과라 그래서 교양도 배우고, 대학의 낭만을 즐길 수 있는 2년의 시기가 있다. 아마, 의사들은 이때 놀 수 있는 모든 것을 하는 것 같다. 대학생의 생활을 즐기는 꿈과 같은 시간 2년이 지나면, 본과로 가게 된다. 진짜 의사가 되기 위해서 4년 동안 빡세게 공부하는 것이다. 아마 고등학교 때의 공부량보다 이 대학 4년의 공부량이 더 많다고 할 정도로 공부에 묻혀서 사는 시간이 본과 4년이라 할 수 있겠다. 전공과목 1과목을 이수 못해서 1년을 유급해야 하는 경우도 생기다 보니, 어느 과목 하나도 게을리할 수 없는 4년은 고등학교 3학년 못지않은 압박감으로 밀려온다.

낙오라고는 대학 입학 재수나 3수 정도일 테고, 그나마 그것도 하지 않았던 엘리트 학생들이 유급이라는 스트레스 속에서 산다. 학교는 다녔지만, 유급 시스템을 한 번도 거치치 않고 출석만 하면 학년을 올라가는 경험을 했던 대부분의 국민은 이해할 수 있을까?

대학을 졸업하는 것과는 별개로 의사 면허를 획득해야 하는데, 이것도 쉽지 않은 일이다. 이것이 왜 대단한가 하면, 외국 의사들 또한 우리나라에서 의사가 되기 위해서는 의사 시험을 보아야 하는데, 대부분의 외국인 의사 중에서 우리나라 면허를 취득하는 확률이 30%라는 것을 볼 때, 우리나라 의사들이 대한민국 1%인 초엘리트라고 하더라도 100%에 가까운 합격률을 보이는 것은 쉬운 일은 아닐 것이다.

그렇게 졸업하고 의사 면허를 따야 '전공의'라는 직업(?)에 도전할 수 있다. '전공의'라는 것은 의사가 된 후에 자신의 전문 분야를 개발하기 위한 또 한 번의 도전을 하게 되는 것이고, 따라서 쉽게 획득할 수 없다. 이것은 대학병원의 병원마다 교수에게서 충분한 교육을 받게 하려고 T/O를 정하였기 때문에 인기 있는 학과는 경쟁률이 높다.

다양한 진료과를 경험할 수 있는 1년의 과정을 인턴이라고 하는데 이 과정을 거쳐서 자신이 진료하고 싶은 과를 선택하고 소정의 과정을 통하여 선발되면, 이때부터 "도제교육"이라고 이야기되는 일을 하며 교육을 받는 전공의가 되는 것이다. 이 과정은 대부분 4년 동안 이루어지며, 교수님으로부터, 선배 의사로부터 여러 가지 사건과 상황에서 이것저것 대처해 가고 경험과 실력을 쌓으면서, 전문의사로서 역량을 갖추게 된다. 그런데 이 과정은 교육과 근로가 합쳐져서 교육이라는 명목하에 최저임금에 미달하는 급여를 받으며 주당 80~100시간의 고된 노동을 하게 된다. 이것은 일부 부당하게 느낄 수 있지만, 의사라는 집단의 관례로서 '통과의례'와 같은 인식 속에서 서로 인정하며 시스템을 유지해 왔다.

그렇게 4년을 지나면 전문의 시험을 통하여 전문의 자격을 획득하게 되는데, 전문의를 획득하고 나서 개원하면 이런 의사를 '개원의'라고 한다. 또, 다른 병원에서 급여를 받는 '봉직의'로도 취업이 가능하다.

전문적인 수련을 더 원하거나, 앞으로 교수가 되기를 희망하는 사람은 대학병원에 남아서 경력을 더 쌓기도 하는데, 이런 의사들을 '전임의 Fellow'라고 한다. 일반적으로는 전임의 과정을 2~3년 정도 하게 되면, 실전에서 전문의 의사로서 기술을 익혔다고 인정을 해 준다고 한다. 그런 자신감이 생긴 사람들이 자신의 전문 분야를 내세워서 '전문병원'을 개원하거나, 교수 임용을 통하여 대학병원의 교수가 되기도 한다.

이렇게 대학 입학 6년, 인턴 1년, 레지던트 4년, 전임의 3년을 하게 되면 보통 15년 정도를 배우는 일에만 인생을 쏟아붓게 된다. 남자의 경우에는 군대 문제를 해결해야 하는데, 보통 공보의나 군의관으로서 군생활을 3년 8개월 하게 된다고 한다.

남자의 경우 의사 과정과 군생활까지 합하면 거의 20년의 세월을 보내게 되는 것이다. 30대 중반에서 40대 초반이 되기까지 인생의 절반 이상을 의료인으로 살았고, 의사라는 직업이 자신의 정체성이라고 해야 할 것이다. 학교생활을 제외하더라도 10~15년을 직장 생활을 했다면, 직업이 자신의 정체성 중에 매우 큰 부분을 차지한다고 할 수 있을 것이다.

2 ————————————병원을 떠나게 된 전공의

우리나라는 주 40시간 근무가 법정근로시간이고 연장근로를 하더라도 주 52시간을 넘지 못하도록 하는 것이 근로기준법이다. 하지만, 전공의들은 주 80~100시간을 근무하고 있다. 이것은 전공의라는 특수한 신분이 근무하는 사람이기도 하지만, 배우는 사람이기도 하기 때문이다. 이러한 위치에 있는 사람들은 대학교에서는 비일비재하다. 대학원생, 조교수

등의 직업을 가진 사람들이 그러한데, 배움과 근로의 구분이 없는 도제식 교육에서 일어나는 한계이기도 하다. 또한 전공의들을 더 힘들게 만드는 것은 1.5배가 적용되는 야간 근무나, 2.5배가 적용되는 휴일 근무, 밤샘 근무 등이 제대로 적용되지 않으면서 교육이라는 명분으로 값싼 노동력을 제공하고 있다는 것이다.

노동 개혁하겠다고 주 69시간을 허용하자고 할 때는 "사람을 죽일 일 있냐?"라고 반대하던 사람들이 전공의가 주 80~100시간을 일한다고 하니까. "누가 칼 들고 협박했냐? 너희가 좋아서 간 거 아니냐?"라는 반응에 나는 놀라지 않을 수 없었다. 누구의 직업은 주 69시간도 '죽일 일'로 방어해 줘야 하고 누구의 직업은 주 100시간으로 일하다 과로사하여도 자신이 좋아서 하는 일이라고 조롱하는 이 사회를 보면서 대한민국 미래의 암담함을 느낄 수밖에 없었다.

그럼에도 불구하고 그동안 많은 선배 의사와 현재의 전공의들은 어떻게 불평불만 없이 조용히 시스템을 잘 굴리면서 지내왔을까? 그것은 그들이 '전공의'라는 통과의례를 거치고 났을 때 얻을 수 있는 더 나은 미래 때문이었을 것이다.

그런데 2020년 문재인 정권은 의사들을 악마화하였고, 지켜왔던 의료 시스템을 무너뜨리는 시도를 했다. 여기에 의사들이 암묵적으로 동의하였다. 그것이 바로 의대 정원 확대, 공공의대 설립, 한방 첩약 급여화, 비대면 진료 추진 관련 법안 등이었다. 이때도 대한의사협회와 대한전공의 협회는 '파업'을 하였고, 많은 우여곡절이 있었지만, 결국 더불어민주당과 대한의사협회가 5개 항목으로 구성된 합의안을 도출하였다.

합의문은 ▲ 코로나19 안정화까지 의대 정원·공공의대 확대 논의 중단 및 협의체 구성해 원점 재논의 ▲ 공공보건의료기관 개선 관련 예산 확보 ▲ 대한전공의협의회 요구안 바탕 전공의 특별법 제·개정 및 근로조건 개선 지원 ▲ 코로나19 위기 극복 상호 공조 및 의료인·의료기관 지원책 마련 ▲ 민주당은 의협·복지부 합의안 이행 노력 등으로 구성되었다.

전공의를 배제한 의사협회의 독단적인 합의라는 아쉬움은 있었지만, 대부분의 전공의와 대학생은 자신의 위치로 돌아왔다.

의사들은 코로나19 안정화를 위하여 큰 노력을 하였고, 결국 코로나는 잠잠해졌다. 그리고 그 사이에 대선이 있었으며, 결국 보수당이 내세운 윤석열 후보가 대통령이 되었다.

의사들은 자신들의 시스템을 붕괴시키려는 정권이 물러나고 새로운 정권이 들어서면서, 의료시스템이 안정화되기를 기대했다. 그러나 2년이 지나 총선이 두달 남은 2월 6일에 윤석열 대통령은 총 2025학년도부터 의과대학 정원을 2,000명 증원하여 3,058명에서 5,058명으로 확대한다고 확정 발표하였다.

이것은 의료시스템의 붕괴를 선언한 것이었다. 특히, 지금 자신의 인생을 갈아 넣어서 대한민국의 최저 생활을 해오던 전공의들에게는 자신의 미래가 사라지는 선전포고와 같았을 것이다. 미래가 사라진 전공의들은 자신의 위치에서 더 이상 희생할 수 없었고, 4년 만에 시스템을 붕괴하려는 이 나라에서 의사라는 사실이 너무 수치스러웠을 것이다.

4년 동안 국회에서는 의료파업을 막는 법이 신설되었고, 무엇을 하든지 범죄자로 만들기 위해 최선을 다한 입법부와 행정부 때문에 이제 남은 선택은 의사라는 직업을 버리는 것뿐이었을 것이다. 의사라는 직업을 갖는 순간 잠재적인 범죄자가 되고, 국가로부터는 노예 같은 삶을 살 수밖에 없는 것, 이것이 10~20년 동안 희생을 통해 얻어내는 대가라는 것이 너무 답답했을 것이다.

그래서, 누가 뭐라고 할 것 없이 누구의 명령이라고 할 것 없이 10,000명에 이르는 전공의들은 자신의 직업을 내던지고 사직서를 써버렸다.

누군가는 의사의 직업이 돈을 많이 벌고, 미래에도 안정된 직업인데 왜 그만두냐고 하겠지만, 이들에게는 돈을 많이 벌지도 않고, 미래도 불투명하게 느껴졌을 것이다.

왜냐하면, 이들은 필수의료라고 하는 진료과 등이 어떻게 취급받고 있는지 현장에서 지켜봐 왔기 때문이다. 지금도 "응급의학과", "산부인과" 등 몇 가지 키워드만 검색해 봐도 의사들이 사회로부터 어떻게 취급받았는지 쉽게 알 수 있다. 그런데 그 정도 검색도 안 해본 사람들, 그 정도 노력조차 하지 않은 게으른 사람들은 "어떻게 의사가 환자 곁을 떠나냐?"라는 단어 5개로 의사들을 정죄하였다.

내가 살아야 남도 살리는 것인데 말이다. 우리나라는 자살 공화국이다. 인구 1,000명당 0.3명으로 세계 1위이다. 그런데 산부인과 의사의 자살 비율은 인구 1,000명당 5명으로 우리나라 인구 자살률의 16배 수준이다. 이것은 매우 심각한 수준이며, 산부인과 의사를 하느니, 죽으라는 신호와 같다.

산부인과는 과목의 특성상 생명과 직결된 시술을 해야 할 때가 많고, 그만큼 크고 작은 사건·사고가 발생할 확률이 높기에 항상 억대 소송에 시달린다. 영아에게 장애가 남았을 때는 손해배상금이 10억에 육박한다. 산부인과 의사들은 소신을 지키며 분만 업무에 전념했을 뿐인데, 항상 수억대의 채무자가 될 위험이 도사리고 있다.

일반인들은 손해배상금이 몇천만 원만 되어도 덜덜덜 할 것이다. 근데, 수억의 채무의 위험을 끌어안으면서 자신의 업무를 하려는 사람이 얼마나 될까?

국가의 의료 개혁이 시작된 지 얼마 안 돼서 40년 동안 전국 분만 건수 1위에 올랐던 산부인과가 문을 닫게 되는 아이러니를 보면서도 전공의들에게 환자 곁을 지키라는 말을 너무 쉽게 하는 국민에게 뭐라고 말해야 할까? 어떻게 설득을 할 수 있을까?

또한 파킨슨 환자에게 맥페란을 잘못 처방하였다고 하여 범법자가 되는 직업을 어떻게 계속 유지해야 하는가?

가장 깔끔한 방법은 내가 10년이든 20년이든 헌신했던 이곳, 아무도 알아주지 않는 이곳. 하지만 나의 모든 것이었던 이곳을 떠나는 것이 나를 살리는 길이 아니었을까? 범법자가 될 수 없어서 의사 가운을 던져버리고 자신의 10년, 20년을 부정하는 젊은 청년들에게 던지는 돌을 보면서, 할 말을 잃어버렸다.

이런 상황을 직시하면서, 나는 이번 사태를 밥그릇의 프레임에서 벗어나서 사건을 바라보는 것이 합리적이라고 생각했다.

2. 필수의료 정책 패키지를 탄생시킨
사회적 배경

필수의료 정책 패키지라는 말도 안 되는 정책을 따져 보기 전에 의대 정원이 왜 확대되어야 하는가에 대한 사회적인 이슈와 분위기를 찾아봤다. 의대 정원 확대에 찬성하는 이유는 크게 두 가지다. 하나는 현재의 의료인이 부족하니까 늘리자. 다른 하나는 고령화 사회가 되면 의료 소비가 증가할 것이기 때문이다. 소비는 늘어나는데 공급이 부족하다는 것이 핵심이다. 그러나 가장 큰 문제는 지방이 소멸하고 있다는 것이다.

 필수의료 패키지의 가장 큰 명분 중의 하나가 지방의 의료전달체계가 붕괴하였다는 것이다. 지방의 공공의료인 의료원들은 적자를 면치 못하고 있고, 그나마 운영되고 있던 응급실에는 근무하는 의사가 점점 줄어들고 있으며, 경기도 외곽만 하여도 분만실이나 소아 응급실이 없어서 분만하려면 1시간 이상 걸려 이동해야 하는 곳이 존재한다.

지방의 소멸은 지역민의 포용력 문제이다. 시골로 이동했던 많은 청년이 다시 도시로 돌아오는 이유는 무엇인가? 지방자치제 이후 지방에서는 다양한 정착금으로 청년들의 귀농/귀촌을 지원했었다. 그러나 지방의 텃세는 너무 견고했고 '마을발전기금'이라는 명목으로 정착하려는 귀농인들에게 금전을 요구하였다. 전원주택과 시골에서의 여유로운 삶을 꿈꾸었던 사람들은 이러한 텃세에 지쳐서 다시 도시로 돌아왔다. 이것은 법적인 문제가 아니라, 관행으로 알려져서 지자체에서도 개입하지 않는다. 그렇게 손 놓고 있는 동안에 정착에 대한 진입장벽이 생겼고, 그것을 뚫고 귀농/귀촌은 거의 불가능하다.

지방의 소멸이 의사 때문인가? 지방이 소멸했기 때문에 의사가 없는 것일까? 도시에서는 땅값이 비싸서, 물류창고나 공장을 지방에 지으려고 하면, 결국에는 지방발전기금을 내라고 압박한다. 지방에 공장이나 물류창고가 생기면, 일자리도 같이 창출되는데, 이러한 반대를 하다 보니, 지방에 사람이 유입되기 힘든 악순환이 반복되고 있다.

삼성전자가 평택에 공장을 세울 때마저, 송전탑 건설을 반대하는 주민들로 인하여 상당히 오랫동안 갈등을 겪으며 고생했다. 대기업마저 도시 근교로 이동하는 게 이렇게 힘든데, 중소기업 또는 개인은 얼마나 어려울까? 짐작이 가는 부분이다.

단순하게 지방의 텃세만을 이야기했지만, 이것 말고도 귀농/귀촌의 진입장벽은 많다. 지자체의 역량 부족, 지역민의 포용력 부족, 예산 부족, 인재의 부족, 인프라 부족 등 이미 다양한 문제들이 서로 얽혀서 악순환을 만들면서, 더 이상 지방에서 머물러 있기 힘든 구조가 되어 버렸다. 현재 대부분의 지방은 가임기 여성이 거의 없다시피 하다. 가임기 여성이 없다는 것은 출산율이 0이라는 이야기이다. 이런 곳에 산부인과가 무슨 의미가 있으며, 소아과가 무슨 의미가 있겠는가?

이렇듯, 지방 소멸의 문제는 지방주민의 문제이지, 의료의 문제가 아니다. 지방에서 살아가는 데에 진입장벽이 생기면 의사들도 살기 어려운 것이다. 그래서 지방의 의료는 공보의나 의료원에 의존할 수밖에 없는데, 기본적으로 수익이 날 수 없다 보니, 시설이나 장비가 열악할 수밖에 없다.

그래서 결국은 더 나은 의료서비스를 위해서 의료가 집중되어 있는 도시로 이동할 수밖에 없는 것이다.

의료인이 부족하다는 문제도 말이 안 된다. 우리나라 의료인은 약 14만 명이 있고 매년 3,000명의 의사가 새로 진입한다. 그러나, 전문의가 되기 위해 지원하는 전공의의 확보는 피부과, 안과, 성형외과는 100%를 달성 하는 반면 소아과, 흉부외과, 산부인과, 외과 등은 20~30%까지 떨어졌다. 수술하지 않고 소송당할 위험이 없으며, 365일 당직 대기도 없고, 돈을 잘 벌 수 있는 진료과목은 인기과가 되는 것이고 반대로 수술이 많고, 소송당할 위험도 많으며 365일 당직 대기가 있음에도 돈을 잘 벌 수 없는 가성비 낮은 진료과목은 비인기과가 되어가는 것이다.

　대부분의 전문의들이 자신이 전공한 진료과목과 상관없는 환자를 진료하는 것만 보아도 단번에 알 수 있는 것이다.

산부인과 · 소아과

산부인과 의사가 소멸하는 이유는 포괄수가제로 인한 경영의 악화와 법 제도로 만들어진 분쟁의 두려움 때문이다.

　포괄수가제는 환자가 병원에 입원해서 퇴원할 때까지 진료받은 진찰·검사·수술·주사·투약 등 진료의 종류나 양과 상관없이 미리 정해진 일정액의 진료비를 부담하는 것이다. 이것에 제왕절개분만이 들어가는데, 제왕절개를 하는 원가와 관계없이 무조건 얼마의 금액 이상을 받지 말라고 해 버리니, 원가는 올라가는데 이익은 되지 않게 되었다.

　또 분만 과정에서 발생한 좋지 않은 결과를 의료진 탓으로 돌리는 판결 또한 산부인과가 기피 과로 전락하는 데 결정적인 역할을 하게 된다. 2016년에 분만 중에 과다 출혈로 뇌 손상 장애를 입은 환자에게 의료기관이 10억을 배상하라는 판결이 2023년에 선고되었다(실형 '구속' 10억 배상… 의료사고에 깔린 산부인과-청년의사 2023.4.7). 게다가 이자까지 지급하라는 판결로 15억을 물어주게 되었다. 포괄수가제로 수익은 안 나지만, 결과가 안 좋으면 10억 이상을 배상해야 하는 상황이 되면서 산부인과 의사를 하는 것이 바람직한지 의문이 들게 된다.

우리나라는 OECD 국가 중 자살률이 1,000명당 0.3명으로 세계 1위이다. 그런데 산부인과 의사의 자살률은 1,000명당 5명꼴로 거의 16배에 가까운 심각한 수준이다. 이쯤 되면, 산부인과 의사는 애당초 되지 않는 것이 생명을 지키는 일 같다.

1%라도 결과가 좋지 않을 가능성이 있다면, 99%의 살릴 확률을 보고 수술을 하는 선택보다는, 1%의 불행할 확률을 보고 수술을 하지 않도록 결심할 수밖에 없다.

게다가, 2021년 1월 1일 자로 헌법재판소가 낙태죄를 헌법불합치 판결을 내리면서, 낙태는 공식적으로 비범죄화되었다. 하지만, 여성의 자기 결정권 행사와 태아의 생명권 보호가 상충하기 때문에 두 가지 목표가 조화를 이룰 수 있는 제도를 법 개정을 통해서 마련해야 한다는 것이 헌재의 요구이다. 하위법이 개정되지 않으면서, 다들 눈치만 보는 사이에 분만실은 점점 줄어들고 있다. 낙태는 수술실에서 일어나는 일이다. 그런데 수술실에서는 분만, 제왕절개 등의 생명이 태어나는 곳이기도 하다. 그래서, 이 일을 수행하는 산부인과 의사는 두 가지 모순된 상황에 놓이게 된다. 그래서 둘 다 받아들일 수 있는 사람들은 어떨지 몰라도 개인의 양심에서 낙태를 반대하는 사람들은 낙태 시술을 거부하고 싶을 것이다.

그런데, 의료법 제15조 제1항에 의하면, 의사에게는 환자를 거부할 권리가 없다. 또 의료법 제89조 제1호에 의하면, 정당한 사유 없이 거부했을 경우 1년 이하의 징역 또는 1,000만 원 이하의 벌금에 처할 수 있다.

자신의 신념으로 인해서 낙태를 거부할 경우는 환자 거부가 되기 때문에 분만실(수술실)을 운영하기가 점점 어려워질 것이다. 아직 하위법이 확정되지 않아서 혼란스러운 상황에서, 산부인과 의사들은 위험이 큰 산과를 포기하고 점점 부인과에 집중하게 되는 것이다.

개인적으로는 2013년 7월부터 시행했던 포괄수가제는 병원의 경영이 악화됐지만, 자신의 신념으로 버텨왔던 산부인과 병원들의 신념마저 버리게 만든 결정적인 요인이 되었다고 생각한다.

통계청 조사에 따르면 2014년에 1,468개였던 전국 분만실은 2022년 1,176개로 20%가 급감했다. 또한 2024년 5월에는 1981년 개원 이래 전국 분만 건수 1위에 올랐던 경기도 성남시의 산부인과도 40년 만에 폐업하였다.

2017년 12월에 일어난 이대목동병원의 신생아 사망사건은 최종 무죄로 판결된 의사들을 구속해서 민형사상의 가혹한 책임의 프레임을 씌운 사건이다. 이 사건 이후로는 소아청소년과에 지원하는 의사들은 급격하게 줄었다. 최선을 다한 사건을 결과로 책임을 묻는 사회가 의사들에게 수술할 수 없게 만들고 있다. 일선에서 일을 하는 사람을 구속해서 일을 못 하게 하면 일선의 수술은 마비가 된다. 법정 공방이 오가는 5년 동안 그것을 지켜봤던 의사 지망생들이 과연 소아과를 선택할 수 있을까?

전공의 1년 차 시절에 대동맥박리를 진단하지 못했던 응급의학과 의사에게 대법원이 유죄를 선고 했다(대동맥박리를 놓친 전공의 '유죄' 확정…동료들 "우리부터 처벌하라"-청년의사 2023년 12월 15일). 응급실은 응급처치를 시행하는 곳이고 대동맥박리와 같이 진단하기 어려운 병을 100% 완벽하게 찾아낼 수 있는 곳이 아니다.

우리는 다치면 모두 응급환자라고 생각하지만, 의료인에게 응급환자란 호흡이나 심장이 정지되거나, 의식이 없거나 40℃ 이상의 고열, 과다 출혈일 경우이다. 즉, 당장 생사의 갈림길에 있는 사람들이다. 그래서 이러한 응급상황에 있는 환자의 생존율을 높이기 위해 등장한 '골든타임'이라는 개념은 드라마를 통하여 대중에게는 많이 인식되어 있지만, 어떤 상황이 진짜 응급상황인지는 계몽이 덜 된듯하다. 멀쩡히 의식이 있고, 호흡하는 사람들이 응급실에 와서 자신을 먼저 안 봐준다고 불평불만을 늘어놓는 것을 보면서, 우리나라는 응급실을 자기 불편할 때 오는 곳으로 인식하고 있는 것 같아서 안타깝다.

이렇게 호흡과, 심장과, 의식을 담당하는 응급의학과가 상대하는 환자들은 급한 응급상황이 해결되면 전문의의 판단에 따라 다른 진료과로 이송된다. 응급의학과 의사가 전 분야를 아는 사람이 아니기 때문에 디테일한 진단은 전문의에게 맡기는 것이다. 그런데, 워낙 시간도 급박하고, 의식도 없는 사람을 치료하다 보니, 결과가 드라마처럼 늘 좋을 수는 없다. 그런데 법은 좋든 나쁘든 모든 결과를 의사가 책임지게 만든다. 판사는 의사에게 신이 아니라면 함부로 환자를 건드려서는 안 된다고 판결한다.

응급상황이 되면 초반의 10분이 정말 중요하다고 한다. 그런데, 그 초반 10분을 잘 처치할 수 있는 상황은 쉽지 않다. 초반에 일어나는 결정, 이송 중에 생기는 다양한 상황들이 병원이 환자를 받아들이는 순간, 모두 의료진의 책임이 된다.

이렇게 몇 번의 판결이 내려지면, 결국에는 애당초 그런 상황을 안 만드는 게 최선이 된다. 이런 것이 '응급실 뺑뺑이'라는 문화를 만드는 것이다. 결과가 뻔히 보이는 상황, 어떻게 될지 전혀 예측할 수 없는 상황이 되면, 환자를 받을 수 없게 된다. 왜냐하면 그 선택이 내 손목을 '철컹철컹'하게 만드는 결과가 되기 때문이다.

의사도 인간이다

의사는 병을 고치는 신이 아니다. 살 수 있는 확률을 높여주고 환자가 스스로 병을 이겨 나갈 수 있는 환경을 만들어 주는 것이다. 우리가 암 수술하는 것조차 암을 제거하여 병을 낫게 하는 것이 아니라, 암세포를 제거하여 암이 없는 환경에서 건강을 회복할 수 있도록 확률을 높이는 것이다. 그래서 의사들은 어떤 수술을 하더라도 완치를 장담하지 않는다. 암에서도 5년 이상의 생존율을 이야기하는 것은 환자가 완쾌되더라도 언제든지 다시 암 환자가 될 수 있기 때문이다.

만약에 의사가 환자의 병을 다루는 것에 모든 결과를 좌지우지할 수 있다면, 인류는 영생을 두고 있어야 한다. 하지만, 모든 사람은 보편적 인간성을 가지고 있고 그 대표적인 보편적 인간성은 죽음이다. 태어난 사람은 반드시 죽게 되어 있다. 그래서 그 마지막 죽음을 막을 수 있는 사람은 아무도 없다. 그래서 죽을 사람이 병원에 온다고 해서 사는 것이 아니다.

중병을 연구하고 고치려고 하는 시도는 늘 의사의 몫이다. 하지만, 죽음까지 의사가 결정할 수 없고, 죽는 이유 중에 아직도 밝혀지지 않는 이유는 수도 없이 많다. 그런데, 죽음을 막아보겠다고 한 수술이 죽음을 막지 못한다면, 그 책임은 누가 져야 할까?

대부분의 응급환자는 죽음을 코앞에 두고 온다. 그 죽음 앞에서 회복되는 사람들도 많지만, 결국은 인간이라면 죽는다. 죽음의 책임을 온전히 떠안을 수 있는 사람은 세상에 존재하지 않는다. 그래서 많은 사람들은 종교를 가지고 신을 믿는 것이다.

의사는 환경을 바꿀 뿐이지 죽음을 없앨 수 없다. 응급의학과 의사에게 죽음을 막지 못한 대가 또는 응급상황을 해결하기 위해서 행했던 행동에 대해서 하나하나 책임을 묻는다면, 아무도 그 일을 하려하지 않을 것이다. 그런데 이런 상황을 잘 알지 못하는 사람들은 그저 필수의료에 종사하는 의사의 수가 줄어드는 것을 의사들의 이기심이라고만 생각하는 것 같다.

3   ─의료수요가 늘어나는 이유

의료수요가 늘어나는 다양한 이유가 있지만, 내가 생각하는 가장 큰 이유는 인식의 영역에서의 확장이다. 의료의 경우 예전에는 적당히 아픈 것은 참고 살았다. 왜냐하면, 의료비용은 늘 비쌌고, 몹시 아프지 않다면 적당히 참고 사는 것이 당연하다고 생각했기 때문이다. 그래서 늘 병을 키울 때까지 키워서 병원에 가는 무식한 삶을 살기도 했다.

하지만, 건강보험이 점점 규모가 커지고, 의료비가 상당히 저렴해지면서, 예전만큼 참지는 않는다. 이것은 의료전달체계가 상당히 발달한 결과라고 생각한다. 하지만, 인간의 몸은 아픔과 회복을 반복하면서 발달하거나 퇴보하게 되어 있다. 그리고 언젠가 그 기능들은 서서히 상실된다. 기능의 상실이 느껴지기 시작하면 그 문제를 해결하기 위해서 부단히 노력하는 것이 인간이다. 그런데 불행인지 다행인지 의료는 한강의 기적을 넘어 최고의 수준으로 발달하였고, 많은 사람의 노력과 희생 위에서 세계가 부러워하는 의료체계가 구축되었다. 예전에는 불가능했던 질병의 치유가 일어났고, 또 더 많이 발견되는 병들이 관리가 되면서 한국인의 기대수명은 놀랍게 증가하였다.

의료 기술의 발달은 70~80년대를 거쳐온 대다수 한국인에게 생명 연장의 꿈과 환상을 심어주기에 충분했다. 치료가 불가능하다고 생각하는 당뇨와 고혈압이 관리되고, 조기에 발견되는 암의 완치율이 증가하면서, 환자들은 병을 빨리 발견하기만 하면, 완치가 가능하다는 기대를 갖게 되었다. 건강검진의 기술도 발달하고 위내시경, 대장내시경 등 다양한 검사를 통해서 병이 발견되면서, 조금만 문제가 생겨도 병원부터 찾게 되었다. 그리고 20년간 평균임금의 1/4수준으로 인상된 의료수가는 의료수요를 증폭시키는 도화선이 되기에 충분했다.

보건복지부가 말하듯이 보건의료가 복지가 되면서 정치인들은 의료를 마치 자신들이 주는 혜택처럼 국민의 표를 얻기 위해서 남발하는 것을 주저하지 않았다. 그래서, 의료는 상당히 기형적인 시스템으로 변형되기 시작했다. 40%의 전공의로 운영하는 병원은 세계에서 대한민국이 유일하다. 대부분의 선진 의료시스템은 전공의를 10% 수준에서 채용하고 관리한다.

전공의가 40%의 수준으로 운영되고 있지만, 전공의가 하는 업무량은 70~80%의 수준을 감당하고 있다. 근무와 수련이라는 경계 애매한 명분으로 주당 80~100시간의 근무를 하며 1인당 2~3명의 몫을 하면서도 급여는 최저 임금만도 못한 수준을 유지하며, 오직 전문의를 따기 위한 통과의례로서 사회적인 묵인 아래 관습으로 굳어져 왔고 개인의 5년간의 젊음을 바쳐 시스템을 유지하는 것에 모두가 암묵적인 동의로서 시스템을 지켜왔다.

이러한 시스템 아래 좋은 진료를 싸게 받을 수 있었다. 그래서, 많은 사람이 의료를 필요로 하기 시작했다. 그러나 수가는 오르지 않았고 의사들은 한정된 시간 속에서 많은 환자를 받아야 수익을 내는 시스템 속으로 들어가야 했다. 그래서 환자 한 사람에 대해서 의사가 진료할 수 있는 시간은 점점 줄어들었다. 병을 잘 치료한다고 유명해지면 유명해질수록 사람들은 많이 몰려들었고 '오픈런'을 하지 않으면 대기시간이 길어지는 상황이 되어 버렸다. 그래서, 환자들은 밥 한 끼도 안 되는 돈으로 받는 짧은 의료행위에 대해서 불평하기 시작했고, 정치인들은 그들의 표만 보고 의사들을 악마화하기 시작했다. 그 결과 의사의 수가 부족해서 환자의 의료수요를 충족시켜 주지 못했다는 말도 안 되는 논리를 펴면서 의사 증원의 정당성을 내세우기 시작했다.

복잡한 의료시스템을 이해하지 못하는 정치인들과 국민은 의사의 수가 절대적으로 부족하다는 단순한 논리를 받아들이기 시작했고, 의사들을 그저 돈이나 벌려는 파렴치한 카르텔 집단으로 규정하였다.

우리나라 간호사는 매년 2만 5천 명이 배출된다. 2008년부터 증가한 간호사 정원은 2024년에는 2배가 넘게 증가하였다. 하지만, 임상간호사는 아직도 부족하다. 이것은 공급과 수요의 문제가 아니다. 간호사 면허를 취득하고 사용하지 않는 장롱면허 소지자는 10만 명이 넘는다. 그런데도 간호사 정원은 이번 의대 정원의 증가에 버금가는 1,000명이 늘었다.

한때, 유망한 학과로 분류되었던 간호사는 더 이상 유망한 학과가 되지 않고 있다. 왜냐하면 간호사의 노동강도도 절대 적지 않고 40대 초중반까지 3교대를 해야 하는 간호사의 업무 환경은 개선되지 않아 젊을 때 취업했던 많은 간호사가 다른 직업의 길을 걷게 되면서 임상 현장을 떠나기 때문이다.

이와 같은 현상은 비단 의료계만 존재하는 것이 아니다. 유망한 배우자감 1호로 불렸던 선생님들을 배출하는 사범대와 교대의 인기가 치솟았었던 적이 있다. 심지어는 다니던 회사를 때려치우고 교대나 사범대의 시험을 다시 보는 사람이 있을 정도였다. 하지만, 유망한 교대 정원과 사범대 정원을 늘려 놓은 결과 임용고시의 경쟁률만 높이게 되었다. 출산율이 0.7을 찍으면서 교사의 정원은 점점 줄어들었다. 상식과 교양이 상실된 학부모들이 증가하면서, 그렇게 힘들게 들어간 선생님들의 자살이 사회적으로 이슈화되면서 교대와 사범대의 인기도 시들해졌다.

수요는 늘었다가 감소했다를 반복하게 되어 있다. 아무도 수요예측을 할 수 없다. 수요가 늘어날 때마다 인기가 있을 때마다 정원을 증가시키지만, 수요가 줄어들거나 인기가 식었을 때, 다시 정원을 줄이지 않는 인기 영합적인 포퓰리즘 정책으로 유망하고 인기 있는 직업의 환경이 피폐해지고 말았다.

관련 학과의 입학정원은 사회적 수요의 최소를 보고 정책을 만들어야 한다. 수요가 늘어났을 때, 이것이 지속적인 수요인지 일시적인 수요인지를 판단하여 지속 가능한 시장을 만들어 줘야 한다. 하지만, 국민의 인기를 먹고 권력을 쥐는 것이 목표가 되어 버린 정치인들은 자신의 임기 동안에 국민에게 좋은 일보다는 국민이 좋아하는 일을 하게 되었다. 그 결과 달콤한 정책만 좋아하는 대한민국의 사회는 만성 당뇨병에 걸린 사람처럼 무기력한 사회가 되어 버렸다.

어떤 특정한 직업이 인기가 많아지면, 정원을 늘려서 해결하다 보니, 정말 노력하는 사람들이 선택할 수 있는 직업은 더 이상 거의 없다시피 해졌다.

3. 필수의료 정책 패키지—랄!

2월 6일에 정부는 19페이지로 된 필수의료 정책 패키지 요약본을 발표했다. 정책 패키지는 다음 4가지 핵심 정책을 하나로 묶어서 발표한 패키지 정책이다.

① 의대 정원 확대를 통한 의료인력 확충
② 지거국 병원 육성을 통한 지역의료 강화
③ 특례법 및 책임보험 도입을 통한 의료사고 소송 부담 완화
④ 필수의료 수가 인상 및 비급여·미용 억제

이러한 정책을 하게 된 원인을 분석한 것을 보면 아래와 같다.

① 장시간 근로로 인한 번아웃 일상화
② 높은 의료사고 부담
③ 불공정한 보상 비필수 분야와의 격차
④ 지역의료 역량/신뢰 저하
⑤ 병원 인력/운영난 심화로 인프라 유지 곤란

앞의 세 가지는 의사들이 필수의료를 기피하게 된 원인으로 꼽은 반면, 뒤의 두 개는 지역의료가 경쟁력을 잃은 이유이다.

정부는 의사들이 필수의료를 기피하게 된 원인으로 장시간 근로, 의료사고 부담. 낮은 수가를 꼽았다. 이렇게 원인을 파악한 다음에 결과는 의대 정원 2,000명을 늘리면 된다는 것이다.

앞서 설명했듯이, 필수의료 과목이 기피 과가 된 원인은 과도한 소송에 있다. 이러한 원인은 뒤로한 채 갑자기 2,000명을 늘리면 교육의 질은 떨어질 것이 분명하고, 실전 경험의 기회도 상실될 것이 눈에 뻔히 보인다. 그리고 이러한 교육과 경험을 가지고 의사가 되면, 의료사고가 일어나는 빈도도 높아질 것은 분명하다.

지방 의료가 경쟁력을 잃게 된 것은 지방 소멸의 문제가 본질이고, 의사들이 지방에서 의료를 실행하지 않는 것은 여러 가지 요인에 의한 결과일 뿐이다. 지방에 사람이 없으면 당연히 환자도 줄어들고 경제 규모가 사라지게 된다. 적당한 경제 규모가 존재하지 않는다면 모든 인프라도 사라지기 마련이다. 왜 지방에 대형마트가 사라지는가? 왜 지방에 일자리가 사라지는가? 왜 지방대학으로 학생들은 가려고 하지 않는가? 지방의 소멸은 지방의 자생력이 없기 때문이다. 철밥통들이 근무하는 국가기관을 이전하고, 안정되고 급여도 많이 주는 공기업을 이전한다고 한들, 근무하는 사람이 방을 얻을 뿐, 가족 전체가 이동하지는 않는다. 지방에는 자녀들을 위한 교육이나 가정을 위한 생활 인프라가 갖추어져 있지 않기 때문이다. 지방을 보면, 어떤 지방의 인프라는 1980년대에 머물러 있고 어떤 지방은 1990년대에 머물러 있다. 지방이 생산성을 잃은 순간, 지방은 자립할 수 없는 지경에 이른다. 정부의 재정이 아무리 많아졌어도 생산성 있는 개인이 만들어내는 경제 규모를 커버할 수는 없다.

하지만, 보건복지부의 대책이기 때문에 교육의 질적인 부분은 교육부에 넘겨버리고 오로지 의대 정원만이 정책의 목표가 되어버렸다. 공무원끼리 서로 얼마나 신뢰하는지는 모르겠으나, 보건복지부가 의대 정원을 확정하고 나면 교육부에서 알아서 한다는 것이다.

의대 정원의 확정 부분을 왜 교육부가 아닌 보건복지부에서 발표하는지도 모르겠지만, 어쨌든 정책을 장관이 아니라 대통령이 직접 다루면서 "좋아! 빠르게 가! !"를 외치는 상황이 되어 버렸다.

필수의료 정책 패키지에 대한 문제점을 지적하는 몇몇 유튜브에서는 급여와 비급여의 혼합진료의 분리로 의사들의 병원 운영이 쉽지 않아지고, 환자들이 부담해야 하는 의료비가 늘어나는 것에 대해 이야기했지만, 나는 그런 복잡한 것은 국민들이 이해할 수 없다고 생각했다.

필수의료 정책 패키지는 의료개혁이라는 명분 아래 시행되었다. 하지만, 나는 현재의 의료정책에 문제가 많다고 생각하지 않았다. 세계에서는 한국의 의료시스템을 부러워했었고 버락 오바마 대통령도 한국의 의료시스템을 미국에 이식하기 위해서 '오바마 케어'라는 이름으로 미국 의료를 개혁하려고 했던 것으로 기억한다. 또, 외국으로 이민을 시도했던 많은 사람이 한국으로 다시 돌아오는 '역이민' 중 가장 큰 이유가 한국의 의료시스템이라고 알고 있는 나는 '왜 굳이 의료를 개혁해야 하나?'라는 생각이 늘 있었다. 그래서 나는 다른 유튜버들과 다르게 접근해 보고 싶었다.

정책의 디테일한 부분에 대해서 국민이 알 수 없다. 그러나, 정책의 기대효과를 보면 정책의 목표를 정확히 알 수 있다. 기대효과는 국민/환자, 의사, 의대생/전공의, 병원의 4가지 차원에서 정리되었다. 그런데, 국민과 환자를 하나로 보고 의사는 따로 보는 관점은 나에게는 유난히 불편하게 보였다.

가장 눈에 띄는 키워드 중 하나는 환자에게는 의료사고 발생 시, "소송 없이도 충분히 보상"이라는 단어였고, 의사에게는 "진료에만 집중할 수 있도록 합리적인 수준의 민/형사 부담"이라는 단어였다. 이 두 개의 단어는 충돌하게 되어 있다. 환자에게는 충분 보상인데, 의사한테는 합리적인 부담이라는 게 있는가? 환자에게 충분한 보상이라면, 의사에게는 감당할 수 없는 부담이다. 의료사고가 났는데, 충분히 보상받는 것이 어디까지인가?

결국에는 의료사고가 나면 "환자는 소송하지 말고 의사는 잔말 말고 보상해 줘라. 그게 합리적이다."라고 해석되는 것이다.

필수의료 정책 패키지의 문제점은 구체적인 정책은 하나도 없다는 것이다. 2,000명도 필수의료 정책 패키지에는 정작 포함되어 있지도 않다. 그

필수의료 정책 패키지 기대효과

국민·환자

- 경증부터 중증까지 가까운 곳에서 안심하고 의료서비스 이용
- 회복·재활, 의료·돌봄 등 다양한 전 생애 서비스 수요 충족
- 의료사고 발생 시, 소송 없이도 원만한 합의조정 통해 충분히 보상

의료진

- 어렵고 위험하고 힘든 필수의료가 충분히 보상받고 사회적으로 존중
- 번 아웃 없이 진료·연구 집중, 일·생활 균형 가능 근무 여건
- 진료에만 집중할 수 있도록, 합리적 수준 의료사고 민·형사 부담

의대생·전공의

- 의대교육 상향 평준화, 전문의 중심 병원 통한 수련 여건 개선
- 전문의 좋은 일자리 대폭 확충, 진료연구 병행 등 미래 비전 확보
- 지역 대학병원에서 교육·수련 후 지역의료 리더로 성장

병 의원

- 의원부터 상급병원까지 상생·협력하며 종별 역할·기능 맞게 진료
- 정당한 보상, 규제·평가 합리화로 필수의료 서비스 집중 가능
- 우수 인력이 모이고, 환자가 다시 돌아오는 활기찬 지역병원

리고 정말 중요한 것은 구체적인 것을 모두 대통령 직속 자문위인 의료개혁 특별위원회에 맡긴다는 것이다.

위원회의 특징은 모든 정책을 입법처럼 만들어 발표하면서 정작 책임을 지지 않는다는 것이다. 이렇게 하면, 공무원들이 정책 과정에 참여하면서도 잘못된 결과는 책임지지 않을 수 있다.

아무것도 준비되어 있지 않으면서 정부는 대학 정원 2,000명 증원만 먼저 발표한 셈이 된다. 그리고 이제부터 정책을 만들겠다고 하는 것이다.

전공의와 의대생은 이런 엉망진창인 정책이 자신들의 미래를 좌지우지하는 것을 참을 수 없었을 것이다.

2장

의료개혁인가, 의료붕괴인가?

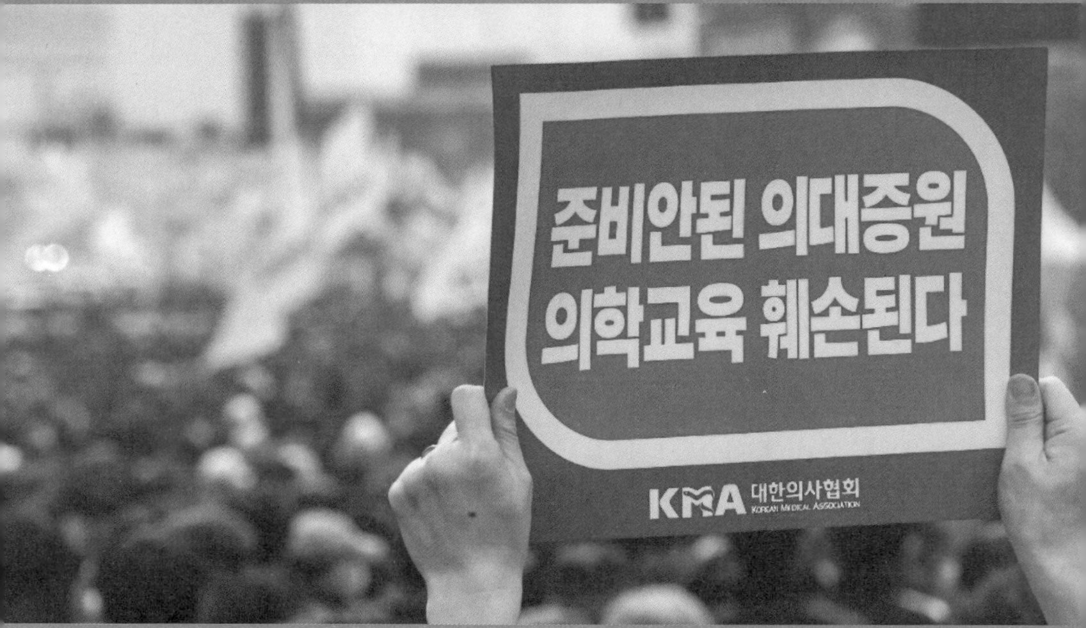
준비안된 의대증원
의학교육 훼손된다
KMA 대한의사협회
KOREAN MEDICAL ASSOCIATION

1. 전공의가 이탈하자마자
무너지는 대학병원

전공의는 2월 16일부로 재계약을 거부하고 사직서를 제출했다. 누가 먼저라 할 것 없이 자율적으로 사직서를 제출하였다. 보건복지부는 바로 중앙사고수습본부를 만들고 '의사 집단행동 중앙재난안전대책본부'를 발족했다. 그리고, 브리핑을 통해서 전공의들에게 업무개시명령을 하였고 이를 어기면 면허정지, 나아가 사법처리가 불가피하다고 하며, 법정최고형이라는 말을 서슴지 않고 말하면서, 협박에 가까운 압박을 하기 시작했다. 2월 18일에는 의대생들이 휴학계를 제출하였다. 전공의는 근무와 수련을 함께 하는 의사였고, 의대생들은 미래의 의사였다. 그런데 이들이 모두 사직과 휴학계를 제출하면서 의사를 양성할 수 있는 시스템은 바로 정지되었다.

3월이 되면서 상급 병원 가동률은 50%로 떨어졌고, 전공의 사직 3주째가 되면서 상급종합병원은 적자로 전환되기 시작했다. 일부 대학병원들은 '마이너스 통장'을 써서라도 버텨보겠다는 기사가 나오기 시작했다.

1   ─병원 시스템을 이해하기 전에

병원을 이해하기 전에 관점을 하나 잡아야 한다. 그 관점에 관해서 이야기하려면 대부분이 잘 알고 있는 군대를 예로 들어보자. 군대에는 육군이 있고 해군이 있고 공군이 있다.

여기서 제일 중요한 사람을 꼽으라면, 육군에서는 병사가 제일 중요하다. 왜냐하면, 전쟁에서 육군은 병사가 직접 소총을 들고 싸우기 때문이다. 이 병사를 훈련하는 사람들이 부사관과 장교이다. 부사관은 기술적인 훈련을 하고 장교는 전술적인 명령을 내린다. 지금 많이 퇴색되긴 했는데 원래 부사관을 두고 장교를 둔 이유는 이런 역할을 위해서이다. 부사관이 병사들의 하드웨어를 교육한다면, 장교는 전략/전술 등 소프트웨어를 교육하고 이해시킨다.

전투함 하나에 모든 사람이 타고 있는 해군에서는 부사관이 핵심이 된다. 선장의 역할을 하는 장교가 전략과 전술을 실행하지만, 구조가 복잡한 전투함의 특성상 부사관들이 각각의 위치에서 기능을 잃지 않도록 기술적인 하드웨어 관리를 해야 하기 때문이다. 병사들은 부사관을 보조하는 역할을 주로 한다.

공군의 경우에는 장교가 중요한 역할을 한다. 사실상 전투에 나서는 것

은 전투기이다. 전투기를 수리하는 곳이나 활주로 같은 곳에는 부사관과 병사가 있지만, 결국 전투기를 조종하는 것은 장교이기 때문이다.

그래서 육군에서 전투는 보병의 훈련 여부가 중요하고, 해군에서는 부사관의 기술 보유가 중요하며, 공군에서는 장교의 전투기 운영 능력이 중요한 것이다. 기술이 집약된 전투일수록 고급 인력이 차지하는 비중이 커질 수밖에 없다.

그렇다면 유사시에, 육군에서는 병사가 부사관을 대체할 수 있을까? 장교를 부사관이 대체할 수 있을까? 인간이 인간을 대신하는 영역이므로 대체할 수 있는 여지가 많이 생긴다. 그런데 해군에서 보면, 병사가 부사관이 될 수 있을까? 병사들이 전투의 주된 역할을 하는 것이 아니라, 병사가 부사관이 되는 교육을 받으려면 꽤 오랜 시간의 교육을 받아야 한다. 그래서 병사에서 부사관이 되려면 상당한 진입장벽이 생기는 것이다. 그런데, 부사관에서 장교가 되기 위해서는 작전을 지켜보고 같이 협업했던 경험치가 높다면 진입장벽이 낮을 수가 있다. 병사에서 부사관이 되는 것은 쉽지 않지만, 부사관에서 장교가 되는 것은 불가능한 부분은 아니게 된다.

공군의 입장에서 보면 이제 다른 이야기가 된다. 장교가 되기 위해서는 엄청난 교육이 필요하다. 전투기에서는 모든 기술이 파일럿에게 집약이 되어 있기 때문이다. 그래서 병사에서 부사관이 되는 것도 진입장벽이 높지만, 부사관에서 장교로 넘어오는 것은 거의 불가능에 가깝다. 파일럿 1명을 양성하는 데 걸리는 시간은 상당히 길다. 그래서 전투 시에 파일럿이 사망하게 되면, 전투가 불가능해지는 것이다. 비행기의 속도가 빠르지 않았던 옛날에는 조종하는 법을 익히면 어떻게 대체하게 될 수 있었지만,

지금은 중력 가속도에 적응하는 훈련만 보더라도 상당히 고도화된 훈련이 단시간에 이루어질 수 없다는 것을 알게 된다.

2 　　　　　　　—의사가 없다고 병원이 안 돌아가?

왜 군인에 대해 이야기했는가? 그것은 우리가 복잡한 의료시스템을 간단하게 이해하기 위해서이다. 병원으로 가보면 모든 사람이 다 바쁘게 일을 하고 다 복잡한 시스템 속에서 근무한다. 그렇지만 결국 의료시스템은 의사가 진단하고 처방할 수 있는 시스템인 것이다. 군인으로 치면 의사는 장교의 역할을 하는 것이다. 그리고 진단과 처방된 것을 수행하는 사람들이 간호사이다.

간호조무사라든지 임상병리사, 물리치료사 등 여러 분야에 다양한 사람들이 있다. 미화원, 원무과 직원 등 진료 이외의 것을 하는 사람들은 간호사가 되거나 의사가 될 수 없다. 간호사도 면허증을 취득해야 하고, 의사도 면허증을 취득해야 한다. 간호사 면허증이 있다고 의사처럼 진단하거나 처방할 수는 없다. 또 간호조무사, 임상병리사, 물리치료사가 간호행위를 할 수 없다. 의사가 환자를 처방하기 위한 병원 시스템은 비행을 하기 위한 공군의 시스템과 거의 유사하다. 공군에서 장교가 비행을 하기 위해서 부사관과 병사들이 비행기를 점검해 주고 활주로를 관리하는 것처럼 병원에서는 의사가 환자를 보게 하기 위해서 간호사의 간호도 필요하고, 진료 이외의 병원 시스템이 무난하게 돌아가도록 많은 사람의 역할이 존재하게 된다.

병원의 시스템은 의사가 환자에게 진료와 치료를 하기 위해 이루어져 있는데, 의사의 구조는 앞에서 다루었듯이, 교수와 전문의와 전공의가 있다. 그래서 교수와 전문의가 협업해서 환자를 보는 건 할 수 있다. 그런데 다른 나라는 전문의와 교수의 구성이 90%고 전공의의 구성이 10%이기 때문에 시스템을 구성하는 데 있어서 전공의보다는 전문의 위주로 진료를 볼 수 있다. 그래서 수술 한번 받으려면 엄청나게 비싼 비용을 지불하게 되는 것이다.

그런데 우리나라는 세계가 부러워하는 저수가 의료국이다. 이것을 가능하게 만든 것은 전문의와 전문의 협업이 아니라 전문의와 전공의의 협업 덕분이다. 전공의의 낮은 급여로 가성비가 높은 서비스를 받게 되는 것이다. 우리나라의 병원에서 의사의 구성은 전문의 60%와 전공의 40%로 되어 있다. 그래서, 전문의와 전공의가 함께 진료와 치료를 하게 되는 경우가 외국에 비해서 상당히 높은 것이다.

전공의가 사직하면서 대학병원에서는 인력의 40%가 사라져 버렸다. 90%의 사람이 10%의 공백을 메우기 위해서는 평소보다 10% 정도만 더 노력하면 된다. 그러나 60%의 사람이 40%의 공백을 메우려면 평소보다 60% 이상의 노력을 해야 한다.

이것은 단기간에 끌어올리기에 상당한 체력을 요하는 일이다. 대부분의 전문의와 교수들은 40대 초반에서 50대 중후반의 사람들이다. 이들이 20대~30대 전공의의 체력으로 일하는 것이 아니므로 공백을 메우는 것은 거의 불가능하다.

게다가 우리나라의 전공의는 주당 80~100시간으로 일을 하다 보니, 일반 근로자의 2배에서 3배의 수준의 일을 감당하게 된다. 그러므로 전공의의 비중은 전체 의사의 40%이지만, 일을 감당하는 비중은 거의 70%~80%가 된다고 봐야 한다. 남아있는 전문의와 교수의 인력을 가지고 전공의의 공백을 메우는 것은 거의 불가능한 일인 것이다. 전공의들이 사직한 후 병상 가동률은 55%로 줄어들었고 수술실 가동률은 60%로 줄어들었다. 이것은 전공의들이 의료의 상당한 부분을 차지하고 있었다는 사실을 입증해 준다.

의사들의 공백이 병원에서 근무하는 다른 직종에는 어떤 영향을 미치는가? 그것은 비행기가 뜨지 않는 비행장을 생각해 보면 금방 이해가 된다. 비행기가 뜨지 않는 비행장이 존재해야 하는가? 물론 미래에 언젠가 사용할 것이라면, 관리자가 필요할 것이다. 활주로에 풀이 나지 않게 하던지, 격납고에 먼지가 쌓이지 않게 한다든지 말이다. 그러나 최소한의 인력을 사용해야 하는 것은 분명하다. 병원의 간호사나 임상병리사, 물리치료사 등 진료와 치료를 서포트하는 사람들은 진료와 치료가 멈추면 할 일이 급격하게 줄어들게 되어 있다.

진료를 보는 의사들은 교수들을 제외하고는 계약직이다. 그런데 그 의사들을 서포트하는 인력들은 대부분 정규직이다. 계약직인 의사가 계약을 포기하면서 정규직인 인력들은 수익을 내지는 못하고 비용만 발생시키는 구조가 되었고, 따라서 흑자를 내던 병원의 시스템은 갑자기 대량 적자를 내는 구조로 바뀌었다.

병원이 수익을 내는 가장 좋은 방법은 진단하는 과정에서 쓰는 비급여 진료이다. 대부분의 급여 부분에서는 수익을 낼 수 없는 시스템이다 보니, 비급여인 진단에서 수익을 내는 것이다. 수술하고 입원하는 데서는 적자를 내더라도, 수술하기 전에 진단하는 초음파, CT, MRI 등에서 수익을 내고, 수술 이후 회복하는 과정에서 진행되는 진단 장비를 통해 병원은 수익을 가져온다. 그래서 대학병원은 수술받고 지속적으로 회복되는 상태를 관찰하면서 수익을 내는 구조이다. 환자가 수술 후에 회복되면 환자는 바로 퇴원하게 되는데, 여기에서 대학병원에서의 회복과 일반인이 생각하는 회복의 차이가 생긴다. 일반인의 입장에서 회복은 수술 후에 잘 아물고 그래서 스스로 걷고 식사를 하고 그런 것이 가능해지면 회복이라고 생각한다. 그러나 대학병원에서의 회복은 마취에서 깨어나 의식이 회복되고 수술 부위에 문제가 없을 때를 회복이라고 한다. 왜냐하면 대학병원에서 더 이상 해 줄 것이 없기 때문이다. 그래서 수술 후에 입원을 오래 가져가지 않고 장기 입원이 필요한 환자는 2차급으로 전원을 시키면서 수술하기 위한 입원실을 확보하고 간호사, 임상병리사, 물리치료사, 방사선사 등 다양한 사람들이 일을 하며 수익을 극대화하는 구조이다. 나라에서 의사 스스로 수익을 낼 수 없게 만들었기 때문에 진단 장비를 다루는 사람들을 통해서 병원은 수익을 창출하는 것이다. 그러나, 의사가 진단과 치료를 하지 않으면 많은 진단 장비는 무용지물이 되어 버린다.

그러면 대학병원에서 외래진료를 왜 보는가? 가장 중요한 것은 수술환자의 회복 경과를 지켜보는 것에 있다. 그래서 계속 진단 장비를 통해서 환자의 몸 상태를 지속적으로 체크해야 하는 것이며 이러한 대학병원의 시스템이 의사에게 빠른 진료가 가능하게 하는 것이다. 수익을 내는 진단 장비라고 하더라도 의사의 진료 행위가 없으면 수익을 창출할 수 없다.

의료에 종사하는 사람들은 대한민국의 의료시스템이 전공의의 희생으로 돌아가고 있다는 사실을 알고 있었다. 그러나 희생의 가치가 얼마인지 알 수 없었고, 아무도 그런 상황이 오는 것을 원치 않았다. 그런데, 정권의 무리한 개혁으로 인하여 전공의가 사직하면서 모두가 알고 싶지 않았던 전공의의 가치를 정확하게 알게 되었다. 전공의가 없으면 대학병원의 시스템은 무용지물이었다.

전공의가 사직한다는 것은 거의 상상할 수 없었던 일이다. 그런데 있을 수 없는 일이 일어나면서 생각하지 못했던 모든 일들을 현실로 겪어버린 것이다. 한번 쏟아진 물은 아무리 깨끗이 담아도 먹을 수 있는 물이 될 수 없다. 뭔가 정화를 시키는 과정을 반드시 거쳐야 한다. 결국, 사회적 비용으로 전가할 수밖에 없다. 판단을 잘못해서 진행한 정책이 수습이 안 되면, 결국 돈으로 해결해야 하는 것이다.

전공의 사태 이후 대학병원의 적자는 바로 가시화가 되었고 의료개혁 6개월 만에 재정 손실에 투입된 건강보험 선지급금은 최소 1조 원이 넘게 투입될 것으로 보인다(2024년 8월 기준).

누가 종합병원을 망하게 했는가? 그 주범은 여태까지 병원의 고마움을 모르고 마구 사용한 환자들, 국민이다. 대부분이 불편해하지 않았고 다른 나라에서 부러워했던 한국의 의료시스템을 몇몇 사소한 불편함 때문에, 일부의 문제를 침소봉대하여 판을 키워 버렸기 때문이다. 빈대 몇 마리 잡자고 초가집에 불을 지른 격이 되어 버렸다. 응급실 뺑뺑이, 소아과 오픈런이라는 슬로건으로 문제를 해결하기보다는 의사 집단을 악마화하여, 의료시스템 자체를 붕괴시켜 버린 것이다.

그리고, 야당이나 여당이나 자기에게 표가 되지 않는다고 무너져가는 의료시스템을 외면해 버렸다. 결국 의사들의 공허한 외침을 뒤로하고 국민은 정부가 90억이나 쏟아 넣은 의료개혁의 광고에 세뇌되어 의사들을 악마화하며 의료 붕괴를 부추겼다. 의료개혁이 지금의 의료시스템을 붕괴시킬 것이라는 의사들의 주장은 국민들에게는 그저 자기 밥그릇이나 챙기는 카르텔 집단의 이기적인 욕심으로 여겨져 버렸다.

의료개혁은 결과적으로는 아무것도 개혁하지 못했지만, 유일하게 개혁한 것이 있다. 전공의와 의대생의 집단 각성이다. 사회에서 가장 존경받는 직업이라고 생각해서 열심히 공부하고 경쟁해서 고등학교 최고의 지성 집단이 되었던 의대생들, 예과 2년과 본과 4년을 죽어라 공부하고 의사 면허를 딴 전공의들, 이들은 환자의 병을 치료하고 사회로부터 인정받는 것을 보람으로 느끼며, 그 힘든 주 80 ~ 100시간의 폭력적인 노동을 견뎌냈었다.

의료개혁은 전공의들에게 얼마나 큰 희생을 하고 있었는지 알게 해 주었고, 사회가 의사들에 대해서 어떤 시선을 갖고 있는 것을 확인시켜 주었다. 또, 의대생들은 선배들이 사회로부터 어떤 취급을 받는지 눈으로 생생하게 보고 느끼게 되었으며, 곧 다가올 참담한 미래를 겪고 있는 선배들로 인해서 자신의 진로에 대해 각성하게 되었다.

사회로부터 존경받는다는 사명감은 비용을 상당히 절감시키는 효과를 가져온다. 그래서 우리는 사회에 공헌하는 사람들에게 존경을 표함으로써 우리가 사는 사회에 자발적으로 공헌하는 사람들이 많아지게 했다. 그러나, 이제 의사가 더 이상 존경받는 직업이 아니라는 사실은 정말 돈만 보고 일하게 하는 사회가 되어간다는 것이고, 사명감을 잃게 한 사회는 그 비용을 크게 치러야 한다.

전공의들이 최저시급도 안되는 돈을 받고 다시 병원으로 돌아갈까? 이번 사태를 통해서 그들은 그들의 가치가 얼마나 되는지 알게 되었다. 적어도 최저시급 이상을 받고 52시간을 초과하지 않는 직업으로서 자신들의 가치를 요구할 것이다. 이렇게 극단적인 상황을 만들어버린 정부와 그 정부의 정책을 지지했던 89%의 국민이 이 비용을 감당해야 한다. 의료시스템은 루비콘강을 건넜고, 다시는 2024년 2월 이전의 시스템으로 돌아갈 수 없게 되었다.

2. 의료개혁 vs 의료붕괴,
출구 없는 치킨게임

정부가 2월 6일에 의료개혁을 발표하고, 2월 16일부터 전공의들이 사직서를 내면서 이탈하기 시작하였고, 2월 18일에는 의대생들이 휴학을 신청하면서 젊은 의사들과 미래의 의사들이 본격적으로 의료개혁을 거부하였다. 그러면서 의료 붕괴의 서막을 알렸다.

　의료개혁의 발표는 합리적인 사고를 하는 사람이라면, 당연히 총선용 정책이란 것을 알 수 있었다. 발표 후 대통령의 지지도는 미약하게나마 잠시 올라갔고, 국민의 89%는 의료개혁을 찬성한다는 여론조사가 발표되었다.

　이러한 여론조사에 탄력을 받은 정부는 2,000명 증원이라는 정책을 강조하며, 반드시 반발하는 의사 집단을 때려잡겠다는 의지를 만천하에 드러냈다. 특히 이번 정책을 주도하는 박민수 보건복지부 제2차관은 '의사 집단행동 중앙사고수습본부(이하 중수본)'을 설치하면서 녹색 점퍼를 입고 매일 브리핑에 나와 마치 의사들을 코로나19로 취급하면서, 악마화하는 데 앞장섰다.

'남성 의사와 여성 의사의 근로 차이' '의새' '전세기' '카데바 수입' '낙수과' 등의 발언을 하면서 의사 직종을 폄훼하는 발언을 서슴지 않았다. 각종 명령을 남발하였고, 의사는 근로법을 적용받지 않는다는 등 인권을 무시하는 발언과 명령을 마구 쏟아냈다. '법정최고형'을 적용한다는 등 사법부에서 해야 할 판단마저 젊은 의사들을 협박하는 데 활용하였고, 보건복지부가 모든 권력 위에 있는 것처럼 행동하였다. 마치 자신에게 대통령의 권한이 부여된 듯한 모습을 거리낌 없이 보여주었다.

결국, 사태는 수습되지 않았고, 국무총리가 나서서 중수본을 '의사 집단행동 중앙재난안전대책본부'로 격상시키면서 의사들을 마치 대한민국의 재난인 것처럼 다루기 시작했다. 사태는 결국 치킨게임으로 치닫고 있었다. 전공의들과 의대생들은 복귀하지 않았고 결국 사태가 심각해지면서 대통령의 지지율은 떨어지기 시작했다. 총선이 코앞에 다가오자, 4월 1일에는 대통령이 직접 담화문을 발표하였다.

담화문의 내용은 기대하지 않았지만, 담화문에 담긴 단어는 충격적이었다. 의사들을 자신의 이득을 위해서 움직이는, 척결해야 할 '카르텔 집단'으로 규정해 버린 것이다. TV를 보는 국민은 마치 1990년 10월 13일에 노태우 대통령이 '범죄와 폭력에 대한 전쟁'을 선포하는 것을 보는 듯한 데자뷔를 경험하였을 것이다. 의사들을 재난을 넘어서 범죄집단으로 선포하는 담화문으로 인해서, 의료 붕괴라는 주사위는 확실히 던져졌다.

2003년에 SBS에서 방영된 야인시대라는 드라마를 보면 광복 이후 김두한이 미군과 협상하는 자리에서 '사딸라'만 외치는 장면이 나온다. 이것은 2013년에 온갖 커뮤니티에서 역주행하며 유명세를 탔고 하나의 '밈 Meme'이 되어서 김두한 역을 맡았던 김영철이 2019년에 버거킹 광고를 찍는 기염을 토하게 되었다.

　대략적인 내용은 김두한이 미국 육군을 상대로 노동자의 일당을 1달러에서 4달러로 4배나 올려달라고 요구하면서 나온 장면이다. 미국인을 상대로 'Four dollor'가 아닌 '사딸라'라고 외치는 것이 포인트이다. 이 장면을 보면 처음부터 끝까지 '사딸라'만 외치는 김두한이 미국 육군과의 협상에 이기는 것이 드라마의 핵심포인트이다.

　윤석열 정부의 '의대 증원 2,000명'의 경우에도 이 드라마와 다르지 않은 전개를 보인다. 처음 필수의료 정책 패키지를 발표할 때도 '의대 증원 2,000명'을 발표했고, 국무회의에서 대통령은 '2,000명은 의료개혁을 위한 필수조건'이라고 했으며 '2,000명은 최소 인원'이라고 발표했다. 그리고 정부는 늘 '2,000명을 제외한 나머지에서는 협상이 가능하다'라는 워딩으로 대화의 가능성이 열려있다는 말을 지속적으로 해왔다.

　의료계가 반발하든지 말든지 정부의 워딩은 '의대 증원 2,000명'이었으며 국민은 대통령의 2,000의 근거를 찾기 위한 탐정이 되어버렸다. 그래서 2,000에 대한 근거들을 그동안 발표했던 모든 정부의 정책과 참여한 인원수, 심지어는 대통령이 사전선거 투표를 했던 주소까지 연관시키면서 대통령의 2,000의 퍼즐을 맞추는 것이 하나의 밈이 되었다. 그 결과 마치 2,000이 이 정권의 행운의 숫자인 것처럼 많은 2,000을 찾아냈다. 심지어는 원희룡 후보를 지지하면서 도왔던 축구선수 '이천수'에게서도 2,000을 찾아내는 기이한 문화를 만들어냈다.

이 정도면 정부가 추진하는 의료 개혁이 무슨 내용인지는 몰라도 '의사를 2,000명'을 늘려야 한다는 내용은 거의 세뇌당할 정도로 국민들의 뇌리에 박혔을 것이다. 그런 선동으로서 '2,000명'을 '사딸라'처럼 외쳤다면 성공한 것은 분명하다. 하지만, 무조건 '사딸라'만 외친다고 주인공이 원하는 대로 되는 드라마와는 달리 현실에서는 다양하고 복잡한 이해관계를 따져봐야 한다.

야인시대가 김두한의 일대기에서 사실을 바탕으로 만든 드라마이지만, 드라마의 특성상 빠른 전개를 위해서, 시청자의 즐거움을 위해서 생략과 과장이 들어가게 마련이다. 현실에서는 많은 대화와 토론을 통해서 서로가 원하는 바를 이루어 가는 건전한 의사소통과정이 필요하지 '사딸라'만 외쳐서는 해결이 안 된다. 게다가 야인시대의 배경인 1940~1960년대와 지금의 사회는 전혀 다른 세계관을 가지고 있어서 단순하게 우기는 것으로만 정책이 펼쳐지는 것에는 상당한 무리가 생긴다.

애당초 전문가 집단인 의료인을 일반인이 개혁한다는 것 자체가 무리가 있다. 일단 전문가에게 자문을 충분히 구한 후에 가장 좋은 안을 선택하는 것이 훌륭한 정책가의 자세이다. 그런데 대통령은 물론이고, 보건복지부 장관도, 보건을 담당하는 제2차관도 의료인 출신이 아니면서, 자신이 정한 정책을 전문가에게 무조건 따르라는 식의 무리한 개혁은 소의 뿔을 바로잡으려다 소를 죽이는 결과를 가져올 뿐이다.

우연이라기엔 너무 많은 윤석열의 2000게이트

2022.03.11	김건희 "尹 결혼할 때 2,000만 원 있더라"
2022.07.07	이원모 부인 일가. 尹에 2,000만 원 후원금 냈다
2023.02.28	정부 '청년 일경험 지원' 중앙부처 인턴 2,000명 채용
2023.04.27	한미 정상. 양국 이공계 청년 2,000명씩 교류 합의
2023.07.17	尹 대통령. 우크라이나 재건사업 2,000조 원 한국기업 참여
2023.08.23	오염수 방류 앞두고… 與 "어민지원 예산 2,000억 증액 요구"
2023.09.12	비수도권 취업준비 청년 2,000명에 이용료 지원
2023.10.23	尹. 사우디 학생 2,000명 앞 "코리아 국명, 아라비아 상인이 붙여"
2023.12.01	학폭 조사업무 이관. '전직 수사관 2,000명 투입'
2024.01.09	윤 대통령. 국민과 함께 하는 신년음악회… 2,000명 참석
2024.01.21	인천대교 통행료 인하 추진… 내년 말 2,000원 목표
2024.02.05	늘봄학교. '전국 2,000곳·1학년' 우선 적용
2024.02.06	尹 "의사 증원 2,000명. 최소 규모… 늦출 수 없는 시대적 과제"
2024.02.18	與 "군 급식비 2,000원 인상"
2024.02.22	축구선수 2,000수. 국민의 힘 원희룡 후원회장 맡는다
2024.03.22	산업부. 로봇테스트필드에 2,000억 투입… 올해 첫 삽 뜬다
2024.03.27	윤석열 명동성당 무료급식봉사. 쌀 2,000kg 후원
2024.03.27	"MZ 공무원 다 나간다" 2,000명 한번에 직급 올린 정부

사실 보건복지부 제2차관이 각종 망언을 하면서 정책을 실현했다면, 보건복지부 장관이나 국무총리, 그리고 대통령은 조용히 있으면서 진행되

는 과정을 지켜보기만 해도 충분하지 않았나 생각된다. 그런데 총선이라는 중차대한 일이 있다 보니, 대통령은 2,000명 증원 계획은 절대로 물러설 수 없다고 하면서 국민에게 직접 발표하는 만행을 저지르고 말았다. 정책은 늘 장관의 몫이다. 정말 중요한 정책은 대통령의 입을 통해 발표하는 것이 아니라, 국무총리 정도에서 발표하는 것이 일반적이다. 대통령은 "이번 정책이 국민에게 좋은 영향을 줄 것을 기대한다." 정도 수준에서 정책을 지지하는 발언을 하는 것이 상식인 것이다.

그런데, 대통령은 무엇이 급했는지 모르지만, 정책을 자신의 이름으로 발표하는 실정을 하고 만다. 왜 이것이 결정적인 실수였는지에 대해서 생각해 볼 필요가 있다.

2   —배수진을 쳐버린 대통령, 출구전략은 없다

대통령은 국무회의에서도 자주 여러 번 "의대 증원 2,000명은 필수조건이다."라는 말을 했다. 그리고, 의료개혁을 대통령이 주도하고 이번 정권에서 꼭 해결해야 하지 않으면 영원히 해결되지 않는 문제처럼 확대해 왔다. 국민은 국무회의의 내용을 디테일하게 알 수 없으므로 대통령이 지대한 관심을 두고 있구나, 정도로 생각할 수 있었다.

그러나 전공의 사직과 의대생 휴학의 상황에 교수들까지 사직 의사를 언론에 발표하면서 의료개혁은 점점 미궁 속에 빠지게 되었다. 이것이 의료를 개혁하겠다는 것인지 붕괴시키겠다는 것인지 대혼란에 빠져들게 된 것이다. 상황이 심각해진 것을 인식했는지, 대통령은 담화문을 발표하겠

다고 나섰고, 의료사태를 해결하기 위해서 대통령이 직접 나서는 모양새는 적어도 의사들의 불만을 듣고 어느 정도 수용하기 위한 절차로 보였다. 일부 국민은 의료개혁을 잠시 보류하거나 접을 수도 있겠다고 생각하기도 했다.

그러나 4월 1일, 총선을 앞두고 발표한 대통령의 담화문은 충격적이었으며, 의료의 붕괴를 알리는 신호탄이 되었다. 나는 개인적으로 이 담화문이 의료 붕괴의 '스모킹건'이라고 생각한다. 대략적인 내용은 이러하다.

① 우리의 정책은 과학적이고 합리적이며 2,000명은 정부가 꼼꼼하게 계산하여 산출한 최소한의 증원이다.
② 우리는 충분히 논의했고 과학적이고 객관적인 데이터와 함께 끊임없이 노력했다.
③ 의사들은 불법적인 집단행동을 하고 있으며 국민의 90%가 찬성하는 의료개혁을 반대한다.
④ 의사들이 독점적으로 가지고 있는 기득권 카르텔과 사교육 카르텔을 건설노조의 건설 폭력배를 때려잡듯이 때려잡겠다.
⑤ 이런 정책이 마음에 들지 않는다면 의사들이 과학적인 근거를 마련해서 대화의 장으로 나와라.

1시간 동안 발표한 이 담화문은 지금은 보기 힘든 초등학교 교장선생님의 훈화와 같았다. "우리는 잘하고 있는데, 너희가 문제다. 정신 차려라." 갈등을 해결해야 하는 대통령이 불에 기름을 붓는 행위였다. 이 담화문으로 인해서 의료시스템은 다시는 돌아올 수 없는 강을 건너게 되었다. 이를 기점으로 의사들은 정부와 소통하는 것을 포기하지 않았을까 생각된다.

담화문 발표 이후 사태가 더 심각해진 것을 눈치챘는지, 4월 4일에는 대한전공의협회 박단 비대위원장과 2시간 20분 동안 비공개로 면담하였다. 면담이 끝난 후, 대통령실은 서면 브리핑을 통해 "대통령은 향후 의사 증원을 포함한 의료개혁에 관해 의료계와 논의 시 전공의들 입장을 존중하기로 했다"라고 했지만, 박단 위원장은 자신의 SNS에 "대한민국 의료의 미래는 없습니다."라는 짧은 한마디로 자신의 소감을 밝혔다. 담화문의 내용과 맥락을 볼 때, 전공의 대표와의 면담 또한 훈계와 훈시가 아니었을까? 하는 생각이 들었다. 30%대의 지지를 받는 대통령은 총선에서 이기기 위해서, 국민의 90%가 찬성하는 이 정책을 자신의 지지율로 끌어올리고 싶었던 것은 아니었을까? 의료개혁이라는 정책이 대통령이 이렇게까지 나서야 하는 정책이었는가? 라는 생각이 들었다. 이제 의료개혁이라는 것은 장관의 손을 떠나고 총리의 손을 떠나서 대통령이 책임져야 하는 정책이 되어 버렸다.

갈등은 점점 커져만 가고 대통령의 중재라는 마지막 출구전략이 사라지면서 정부와 의사들의 갈등은 전혀 좁혀지지 않은 채, 대한민국은 4월 10일 총선을 맞이하게 된다.

윤석열 대통령이 대선에서 승리하게 한 집단이 2개가 있다. 이 두 집단은 정치색을 떠나서 명확한 정책의 방향이 있는 집단이다. 하나는 의사들이고 또 하나는 임대업자들이다. 의료에 대해서 공공의료를 외쳐대는 민주당의 정책은 2020년에 의사로 하여금 의료 현장을 떠나게 했었다. 코로나19가 전국적으로 유행을 하면서 정부가 한발 물러서면서 합의안이 도출되었다. 전공의들과 의대생들은 자신들의 의견이 반영되지 않은 졸속합의라고 반발했었지만, '9·4 의정합의'라는 내용을 함께 발표하면서 마무리되었다.

　정권만 잡으면 공공의료를 외치며 의대 증원을 하는 민주당에 지친 의사들이 20대 대선에서 윤석열 대통령을 지지한 것은 민주당의 정책에 반대하는 의사들의 당연한 결정이라고 생각된다.

　민주당의 정책에 치를 떠는 사람 중에 한 부류는 민주당이 늘 말하는 적폐 세력이다. 문재인 정권 5년 동안 임차인을 보호하겠다고 임대인들을 악마화하고 '임대차 3법'을 만들었다. 그 결과 임대를 하는 다주택자들뿐만 아니라, 주변에 집 한 채 가지고 있던 중산층에도 불똥이 튀게 되었다. 악마화 당했던 다주택자들이 주택을 처분하고 소위 '똘똘한 한 채'로 갈아타기 시작하면서 내집마련을 하려고 했던 사람들은 갑자기 비싼 값에 집을 구하게 되는 결과가 되어 버렸다. 임대차 3법에 대해서 찬성했던 사람들도 정작 자기가 집을 사려고 하니, 급격하게 오르는 집값을 보면서 정책의 모순에 대해서 절실하게 느끼게 되었을 것이다. 또 다주택자들이 집을 처분하면서 전세의 매물은 급격하게 줄어들기 시작했다. 그리고 전셋값은 급격하게 올라갔다. 사람들은 전세 만기가 돌아오면 두려워지기 시작했고 급격하게 오른 전셋값을 감당할 것인지, 다른 곳으로 이동해야 하는지 결정해야 했다.

부동산 전문가들이 하는 이야기가 현실로 다가오자, 깨달음을 얻은 사람들은 민주당의 정책에 대한 반감을 품고 돌아섰고 그 결과 국민의 힘 윤석열 후보는 0.73%의 근소한 차이로 대통령이 되었다.

임대업자를 전세 사기범으로 악마화시킨 국토부 장관

5월 9일에 출범한 윤석열 정권의 내부 총질은 부동산정책에서 시작한다. 민주당 정권에서 급격하게 올랐던 전셋값이 안정세에 접어들면서 일부 빌라에서 전세 사고가 터졌다. 이것은 소위 갭투자에서 비롯된 문제였다. 특히 '똘똘한 한 채'를 선호했던 사람들이 선호하지 않았던 빌라나 오피스텔이 매물로 나오면서 매매가는 떨어지고, 임대인이 줄어들면서 전세가는 올라갔다. 자연스럽게 매매가와 전세가 사이의 Gap은 점점 0에 수렴하였다. 어떤 지역은 전셋값이 매매가격보다 높은 지역도 생겼다.

이때를 노리는 사람들이 생겼고 갭이 낮아지니까, 매매가격이 다시 상승할 것을 기대하며 집을 좀 더 사라고 하는 사람들도 생겼고, 무리해서 10채, 20채 심지어는 100채까지 구입하는 사람들까지 생겼다.

그리고 갑자기 오른 전셋값으로 인하여 목돈이 들어왔고, 그 전셋값을 필요한 곳에 썼던 임대인들이 올랐던 전셋값이 다시 하향 안정되면서 임차인들에게 돌려줘야 할 돈이 생겨 버린 것이 전세 사고의 핵심이다. 물론 그중에는 작정하고 사기를 친 경우도 있지만, 그것보다는 전세보증금을 돌려줘야 하는 임대인들이 보증금을 돌려주지 못하는 것이 핵심이 되었다.

그런데 자세한 상황을 모르는 원희룡 국토부 장관은 다주택자들을 '빌라왕'이라고 하면서 전세 사기범으로 몰았다. '빌라왕'이라는 개념은 금세 사람들에게 퍼졌고 빌라는 위험한 곳이라는 신호를 주면서 빌라 전세는 위험하다는 신호를 시장에 주게 되었다. 빌라 임대자를 악마화시킨 결과, 빌라의 전세시장은 초토화되었다. 결국 빌라시장은 월세 시장이 되었고 빌라시장을 벗어난 전세수요는 아파트로 몰리기 시작했다.

전세란 임차인이 임대인에게 대출하는 대신 대출에 대한 이자를 월세로 삼아서 담보되는 집에서 사는 임대제도이다. 임대/임차의 관계로 보이지만 사실은 채무자와 채권자의 관계로 보는 것이 타당하다. 그래서 전세금을 갚지 못할 경우, 담보였던 그 집을 처분하는 과정에서 자신의 집으로 만들 수도 있다. 그런데 그 전세금을 보증금으로 생각하다 보니, 마치 자신의 돈을 임대인에게 맡긴 것으로 보는 사람들이 많다. 마치 월세 보증금처럼 말이다. 월세 보증금의 경우 임대인이 돌려주지 못할 경우에 월세를 내지 않고 그 집을 점유하면 된다. 하지만, 전세의 경우는 점유한다고 해서 해결되는 것이 아니라 담보물을 처분할 권리를 가지는 것이 핵심이다. 따라서, 이미 은행에 대출되어 있는 집에는 집에 전세를 사는 것은 현명한 방법은 아니다. 반전세의 경우에도 월세에 비해 과도한 보증금을 거는 것은 위험할 수 있다.

결국에는 전세시장을 이해 못 하는 사람들이 전세시장에 들어왔다가 대출 관계를 해결할 수 없는 상황이 되어 만들어진 사태이다. 어떻게 보면 자신의 자산을 운용하지 못한 개인의 파산이다. 이런 무지에서 비롯한 사태를 정부가 해결해 줄 것처럼 임대인을 악마화시켜서 매도했지만, 결국 국가가 그 많은 돈을 해결해 줄 수는 없는 것이다. 금융의 문제는 명백한 사기가 아닌 이상 (물론 사기는 엄벌에 처해야 한다) 정부가 한쪽을 들어준다면 도덕적 해이가 일어날 수 밖에 없다.

내가 보는 전세 사기의 문제는 갑자기 목돈을 감당할 수 없는 임대인(채무자)들로 하여금 임차인(채권자)들에게 돌려주게 함으로써 신용을 무너뜨리지 않게 하면서 임대인이 돈을 갚을 수 있게 만들어 줬어야 했다. 많은 전문가가 전세 문제가 불거진 초기에 이런 방법들을 제시했었고, 임대인들 또한 대출 등의 방법이 있다면, 충분히 감당할 의사가 있었기 때문에 사태를 크게 만들지 않았을 수도 있었다.

그러나 정부는 임대인을 악마화시키는 가장 안 좋은 방법으로 문제를 해결하려고 했다. 그 결과 악마화된 임대인들이 돈을 갚을 수 있는 방법은 막아버리고 임차인들이 가장 우려하는 결과를 가져왔다. 자신이 원하지도 않는 집을 원하지도 않는 값에 떠안아 버린 것이다. 게다가 다른 곳으로 이전을 하려고 해도 빌라의 이미지가 너무 안 좋아져서 매매는 이루어지지 않았다. 빚을 가지고 전세를 얻은 사람들은 원하지도 않는 집을 원하지도 않는 값에 사서 은행에 대출을 갚아나가야 하는 최악의 상황이 되어 버렸다.

전공의와 의대생을 '환자를 버린 의사'로 악마화시킨
보건복지부 장·차관, 그리고 대통령

나는 의료개혁이라는 정책 또한 빌라왕 사태와 비슷하게 진행되는 것을 보았다. 임대시장의 공급자인 임대인을 악마화한 것처럼 의료시장의 공급자인 의사를 악마화했다. 사직한 전공의는 병원의 근로자이기 이전에 전문 의료를 배우려는 학생이다. 의대생은 순수한 학생인데, 매일 생산되는 언론의 보도는 의사를 '환자를 버리고 떠나가 버린 못된 의사'로 만들었다. 교수님들과 전문의는 사직하지 않았는데, 여론은 수련의와 의대생을 '환자를 버린 의사'로 악마화하였다. 열심히 공부하고 노력해서 의사가 되려는 젊은이들이 과연 미래를 위해서 의사수업을 더 진행해야 할지, 고민하기에 충분한 부분이다. 우리나라에서 의사가 되고 싶은 이유 중에 돈을 많이 벌 수 있는 직업이라는 것도 있지만, 생명을 살리고 사람들에게 존경받는 직업이라는 것도 무시할 수 없는데, 여론이 의사란 직업을 악마화시키니 '과연 의사라는 직업을 하기 위해 5~10년을 더 수련해야 하나?' 하는 자괴감에 빠질 수밖에 없었을 것이다.

공급자를 악마화시키면 공급자는 사명감은 버리고 오로지 돈을 얼마나 벌 수 있는가를 따지게 된다. 그리고 그 돈마저 벌 수 없게 되면 시장으로부터 떠나게 된다. 그래서 공급자가 잘못했을 때 공급자를 처벌하는 것은 정당하지만, 공급자 전체를 악마화하는 것은 정당하지 않다. 공급자가 사라지면 결국에 피해를 보는 것은 소비자이다. 하지만 표만 의식하는 포퓰리스트들은 시장이 사라지든 말든 상관하지 않는다. 다만, 공급자보다 소비자의 수가 많기 때문에 소비자를 위한다면서 공급자를 악마화시키고 지속적으로 공급자에게는 불리한 법을 만들어 낸다. 따라서 정치인은 소비자의 지지를 얻어 권력을 계속 유지할 수 있어도 정치인을 지지했던 소비자들은 결국 공급자를 잃고 자신이 원하는 상품을 구매할 수 있는 시장

자체를 상실하게 된다. 그래서 포퓰리스트를 지속적으로 권력자로 뽑아내는 국민은 자신의 편의성을 상실해 가는 것을 인식하지 못한 채, 냄비 속의 개구리처럼 서서히 죽어가는 선택을 한다.

거주이전의 자유와 직업선택의 자유를 얻기 위해 선택했던 정부는 결국 부동산 업자와 의료제공자인 의사를 악마화하고, 믿고 선택했던 지지층을 배신하는 정책으로 보답하게 되었다. 이렇게 내부 총질이 된 의료개혁은 총선이 다가오면서 지지자들로 하여금 절망감을 느끼게 하면서 점점 선거는 미궁으로 빠져들게 된 것이다.

3. 의료계의 뉴노말

—어떻게 될 것인가?

점점 갈등은 깊어지고 풀릴 기미가 안 보이지만, 정부는 자꾸 이상한 정책을 발표했다. 상급종합병원이 적자가 나기 시작했다, 환자들은 3차병원을 못 가니까 대안으로 2차급의 전문병원을 찾기 시작했다. 2차급의 병원들은 보통 수술과 장기 입원을 통해서 수익을 추구한다. 의사 수는 적은 대신 전문의 구성이 높기 때문에 수술을 해 놓고 이 사람들 입원을 오래 시키는 식으로 수익 구조를 가져가는 것이다.

3차병원인 대학병원과 2차병원이 수익을 내는 구조는 다르다. 3차병원은 입원하는 동안에 각종 검사를 하면서 비급여를 통해서 수익을 내는 구조이다. 위중한 수술이 많고 입원 후에는 간호가 주된 업무이기 때문에 급여가 높더라도 간호사를 채용해서 운영해야 한다. 그래서 입원 자체로는 수익을 내기 힘든 부분이 있다. 또한 대부분의 간호사도 대학병원을 통해서 임상 경력을 쌓게 된다.

2차병원에서는 간호사의 비중보다는 다른 업무를 하는 사람들을 채용하게 된다. 이 사람들의 급여가 간호사보다는 적게 들어가기 때문이다. 2차급에서는 간호사가 간호해야 할 만큼의 중증 수술보다는 입원 관리가 필요한 수술들이 대부분이기 때문이다. 그래서 병실도 싼 편이고 오랫동안 있으면서 회복할 수 있는 부분도 있다. 전문병원에서는 전공의가 없는 병원들이 대부분이다. 왜냐하면, 2차급에서는 몇몇 중요 과를 유지하는 수준에서 채용하기 때문이다. 의료개혁 발표 후, 대학병원 등 3차병원에서 전공의들이 사직하고 나니 전문의로만 구성되어 있는 2차급 병원들이 3차병원의 공백을 메꿔주게 되었다. 상황이 이렇게 돌아가자, 정부는 너무 신나게 되었다. 그러면서, 중소병원을 육성하겠다는 정책을 급작스럽게 발표하였다. 전공의가 없으니까 뭐만 갖고 가면 된다는 식, 전문의가 운영되는 병원을 만들겠다는 정책, 멀리서 바라보면 마치 말이 되는 것 같은데, 이것은 현장을 모르는 사람들이 만들어낸 졸속행정이 될 것이 분명했다. 이러한 상황이 이미 일어난 것을 생각해 보면, 대한민국 의료의 미래, 즉, 뉴노말의 방향성이 눈에 보인다.

1   —공채가 사라진 기업과 대졸 인재 시장의 붕괴

왜 의대가 그렇게 인기가 많아지고, 수능 자체가 '메디컬 고시'라고 불릴

만큼 선호되었을까? 그것은 기업이 신입사원을 선발하지 않기 시작했고, 의사를 제외한 다른 직군들이 직업으로서의 매력을 상실했기 때문이다.

청년들의 일자리는 상실되었다. 일자리가 다양하게 있다면, 꼭 의대를 가야 할 이유가 없다. 자신의 성향과 잘 맞는 일을 찾아서 보람있게 일하면 되는 것이다. 그런데, 그런 일자리가 소멸하였다. 나이를 먹은 사람 중에 자신만 생각하는 사람을 소위 '꼰대'라고 하는 데, 이런 사람들이 요즘의 MZ세대를 보면서, "노력을 안 한다" "근성이 없다" "인내심이 부족하다"라고 한다. 하지만 이것은 현재 MZ세대들의 현실을 겪어보지 못한 배려 없는 언행이다.

80, 90년대를 포함하여 그 윗세대들은 대학을 한마디로 정의해보라고 하면 '낭만'이라고 말한다. 왜냐하면, 입시지옥에서 벗어나서, 성인으로서 부모의 곁을 떠나 자기 생각대로 살아보는 유일한 시기이다. 이것이 가능했던 이유는 대학을 졸업하면 적당히 괜찮은 직업이 보장되어 있었기 때문이다. 많은 기업이 신입 공채를 선발하였고, 두세 군데 정도, 많으면 십여 군데에 지원하면, 적당히 다닐만한 기업에 취업할 수 있었다. 그래서 대학 생활에서 학점이나 자격증에 연연하지 않아도 대학을 누리며 연애도 하면서, 친구도 사귀면서, 두루두루 경험하였고, 그러한 것을 지금에 돌이켜 생각해 보면 '낭만'이라고 할 수 있었을 것이다.

그런데 지금 세대에게는 이런 낭만이 자리 잡을 시간이 없다. 대기업의 공채는 사라진 지 오래고, 그나마 취업이 가능하다는 중소기업은 급여와 직원복지에서 대기업과의 격차가 너무 크기 때문에 '×소기업'이라고 불리면서 기피 대상이 되었다. 80, 90년대를 살아온 사람들이 지금 MZ 시대로 와서 대학을 다시 다닌다면, 취업도 쉽지 않을 뿐만 아니라, 다닐만한 회사도 사라진 느낌이라고 봐야 한다. 물론 예전에 비하면 MZ의 일하는 태도에도 문제가 있다고 생각할 수 있지만, '그렇게 어렵게 취업한 회사가 고작 이것인가?' 하게 만드는 부분도 인정해야 한다는 뜻이다.

개인적으로는 이런 상황이지만, 또 사회적으로 봤을 때도 많은 구조의 변화가 있다. 특이점이 온 것은 2008년 세계 금융위기라는 생각이 든다. 물론 전체적인 인력시장의 구조가 바뀐 것은 2010년대 중반에 이르러서 바뀌었지만, 1997년 IMF 금융위기로 인해서 평생직장의 개념이 붕괴했던 것처럼 2008년 세계 금융위기로 인해서 한국의 기업들이 시스템 리스크를 축소하는 방향으로 움직이면서, 유동성이 생기는 투자를 과감하게 줄이기 시작했다. 그중의 하나가 내가 보기에는 인력에 대한 투자였다. 고용이 리스크가 된 몇 가지 사건이 있지만, 가장 큰 리스크는 채용하고 나면, 해고가 불가능하게 된 것이다. 이는 IMF로 인한 구조조정으로서 근로자의 고용 안정성이 극도로 불안해진 것에 대한 반작용이었을 것이다. 하지만, 노동법은 점차로 근로자에게 유리하게 되었고, 한번 채용한 직원은 회사가 파산하지 않는 한, 본인이 원할 경우 정년 때까지 법에 의해서 사실상의 보호받을 수 있게 되었다.

70~80년대에는 모든 대학이 졸업만 하면 취업할 수 있는 곳이 많았다. 그러나 90년대 IMF 이후가 되면서 많은 기업이 구조조정이 되고 2000년대가 되어서는 취업 문이 점점 좁아지기 시작했다. 오륙도(회사 다니는 50~60대는 도둑), 사오정(45세 정년퇴직), 삼팔선(회사에서 버틸 수 있는 나이 38세가 마지노선) 이태백(20대의 태반이 백수) 등이 등장하였다. 이때부터 회사는 정년퇴직하는 곳은 아니었다. 신입사원의 공채는 계속 유지되고 있었지만, 경쟁력을 잃은 경력자들은 퇴직의 시간이 점점 앞당겨지면

서 회사에 남아있는 것은 리스크를 가지고 가는 것이 되었다. 2008년 글로벌 금융위기 이후로는 문과의 취업 문이 거의 닫히게 된다. 우리나라는 IMF를 경험하고 나름대로 준비가 되어 있어서, 금융위기가 왔을 때, 미국이나 유럽만큼 타격을 받지 않았고, 또 가까이 있는 중국의 경제가 급성장하면서, 가까이에 있던 우리나라의 경제가 나름 잘 유지될 수 있었다. 그러나, IMF 이후로 점진적으로 고용이 보장되는 법이 강화되면서, 생산성을 잃은 경력자들이 회사에 남아있는 근거가 되었고, 고용시장은 지나치게 경직되었다. 이미 취업한 경력자들을 쉽게 내보낼 수 없는 회사들은 점진적으로 신입사원을 뽑지 않는 선택을 하게 된 것이다. 그래서 2010년이 넘어서면 직장이 필요로 하는 전공이 아닌 인문계의 선호도가 급격히 줄어들게 되었다. 이때 상황을 잘 반영한 유행어가 '인구론'이다. '인구론'이란 '인문대 졸업생 90%가 논다'라는 의미로 이공계 선호 기업이 증가한 것을 반영한 단어다. 기업 경영에 인문학적 상상력이 필요하다고 외치던 기업들이 정작 인문대생을 외면하는 모순된 행태를 보여준다.

대학을 졸업한 청년들 405만 명이 취업을 포기했다는 통계는 교육은 고학력자를 생산하는 시스템으로 만들어 놓고, 고용시장은 고학력자를 수용할 수 없도록 만들어버려서 인력과 일자리의 균형이 서서히 무너지도록 한 것이다.

2010년대 중반에서 2020년이 되면서 이공계 또한 무너지기 시작했다. 중국의 산업이 급성장하면서, 제조업 기반이 무너지기 시작했고, IT 기업만 명목을 유지할 뿐 나머지 시장은 중국에 빼앗기면서 산업 전반으로 이공계의 취업도 쉽지 않아졌다. 중국의 급격한 성장이 산업의 붕괴를 가속화한 것이다.

직장을 정년까지 다닐 수 있는 가능성이 적다고 생각하면 대부분의 사람은 사업을 생각하게 된다. 하지만, 직장을 정년까지 다닐 수 있는 가능성이 높다면 대부분의 근로자는 리스크가 큰 사업에 도전하기보다는 회사에 남아서 젖은 낙엽처럼 붙어있게 된다. 나이가 들어도 생산성을 만들어내지 못하는 사람들이 회사에 남아있으면서 지속적으로 급여가 올랐고 회사는 신입사원을 받을 수 없게 되었다. 그리고 결정적으로 코로나19가 세계를 강타하면서 대기업의 공채와 신입사원의 집체교육은 거의 소멸하게 되었다. 대부분의 기업은 수시모집을 통해서 필요한 만큼의 인력을 그때그때 충원하기 시작했다.

코로나19는 많은 것을 바꾸어 놓았다. 사람들이 모이지 못하고 온라인화되면서, 대기업 등은 재택근무 등을 할 수 있도록 유연한 근무를 가능하게 했으나, 중소기업들은 매우 큰 타격을 받았고, 자영업 등 영세 상인들은 직격탄을 맞았다.

게다가 대기업에서 공채를 포기하면서 청년들의 양질 일자리는 소멸하게 되었다. 대학을 졸업할 때쯤 인재들을 수용했던 대기업의 인력시장이 붕괴하면서, 대학 4학년은 졸업할 때까지 내내 직장을 찾아다니는 '직장 난민'이 되어 버린 것이다.

2   —인재를 길러내는 시스템의 붕괴가 가져온 뉴노멀
약육강식의 인력시장

공채시장이 존재할 때, 대학생들이 대량으로 입사하여 대량으로 교육받는 시스템이 존재했다. 이 신입사원 교육시스템은 학생을 사회인으로 만드는 주요한 시스템이었다. 그래서 대기업에서 사회화된 성인들이 배출되었다. 개인적으로 승진에서 떨어져서 자존심이 상하던지 회사의 문화에 적응을 못하든지 간에 공통된 집단교육을 통해서 비즈니스맨으로서 예절, 교양, 상식을 탑재하고 사회에 나오게 된 것이다. 또한 중소기업들이 성장하면, 대기업 출신들의 인재를 영입하여 중견기업으로 발돋움하는 시스템을 구축하였다. 그래서 기업이 성장하면, 시스템을 갖추고 인재들을 영입하면서 일자리를 창출하는 선순환을 만들어왔다. 그래서 대기업을 통해서 사업가도 배출되고 인재도 배출되는 사회화 교육시스템이었던 공채와 신입사원 교육이 소멸하면서, 인력시장은 뉴노말을 맞이하게 된다.

건국 이후, 대학은 산업시장에 인재를 공급하는 역할을 했었는데 반기업 정서와 경직된 고용시장이 서서히 인력시장을 왜곡시키기 시작했고, 그 결과 대학을 졸업한 청년들이 사회화 교육을 받을 수 있는 통로는 사라져 버렸다.

대기업의 일자리가 줄어든 이유는 여러 가지가 있을 수 있으나, 가장 큰 원인으로는 국제적 환경의 변화와 정부의 정책 기조에 있다고 생각이 된다. 국외적으로는 중국 제조업의 급격한 발전에 의한 산업구조의 개편이었고, 국내적으로는 중소기업 육성책이라는 명분에 치중된 정책 실패가 가져온 경쟁력 저하에 있다고 생각된다.

한창 산업이 성장할 때는 중소기업의 연봉과 대기업의 연봉 차이는 적은 편이었다. 언제나 대기업이 중소기업보다 많은 편이었지만, 대기업의 조직문화와 경직된 일 처리가 싫은 사람이 중소기업으로 옮겨서 자신의 역량을 펼칠 수 있다면, 대기업을 포기하는 매몰 비용이 적은 편이었다.

하지만, 대기업에서 고용의 경직이 일어나면서, 인재의 이동이 불가능해지는 특이점이 왔다. 대기업이 되면 혜택은 줄어들고 규제가 늘어나게 된다. 그래서 대부분의 중견기업은 대기업이 되지 않기 위해서 몸부림치게 된다. 그 규제의 기준이 되는 것 중에 가장 명백한 것은 고용인력이다. 상시 근로자가 300인이 넘으면 모든 규제의 대상이 되고 정부에서 시행하는 모든 시범사업의 대상이 된다. 따라서, 기업을 운영하는 사업가가 늘 고민해야 하는 것은 5인 이하, 10인, 30인, 50인, 100인을 고용할 때마다 늘어나는 규제를 신경 써야 한다. 100인을 고용하는 생산성이 규제의 벽을 넘을 수 있는지 없는지를 매 순간 고민해야 한다. 기회를 놓치게 되는 것에 관한 판단이 복잡해지는 것이다. 10인이 넘는 고용을 할 때와 50인이 넘는 고용을 할 때, 과연 그렇게 고용하면서 적용되는 사업부의 의무 사항을 따르는 것이 나은지, 그렇게 넘지 않는 인력을 유지하면서 기회를 놓치는 것이 더 나은 판단인지 고민하게 된다.

그래서 사람을 더 많이 고용하면 고용할수록 의무 사항이 많아지게 되고 혜택도 줄어들기 때문에, 함부로 일자리는 늘릴 수 없게 되는 것이다.

분명히 인력이 많아짐으로 인한 규모의 생산성을 기대할 수 있지만, 당장 인력을 고용함으로 인한 의무 사항이 너무 버겁기 때문에 미래를 향한 투자를 함부로 할 수 없게 만든다. 현재 버틸 수 없게 되면, 아무리 장밋빛 미래가 있다고 하더라도 그림의 떡이 되어 버리기 때문이다. 이렇게 중소기업은 성장한다고 해도 인력을 충원하기 힘들기 때문에 공채를 뽑아서 신입사원을 받아 교육한다는 것은 엄두를 낼 수 없다.

대기업이 신입사원을 뽑는 이유도 비슷하다. 인력에 대한 투자인 것이다. 당장 생산성은 없지만, 미래의 가능성을 보고 인재를 선발하여, 교육하고 일을 경험하면서 경력이 쌓이면, 인재로부터 나오는 생산성이 미래의 먹거리를 만들어내는 것이다. 그래서 당장 성과를 낼 수 없는 갓 졸업한 인재들을 확보하여 미래의 경력자로 만들어내는 것이 신입사원 교육이었다.

그런데 신입사원을 많이 뽑기 위해서는 생산성이 정체된 인력을 내보내야 한다. 하지만, 근로기준법에 의하면, 당장 경영상의 문제가 없다면, 직원의 해고는 사실상 불가능하다. 그리고 경영상의 문제가 있음을 증명해야 하는 일까지 점점 추가되었다. 생산성 없는 직원을 내보내기 위해서는 회사의 에너지가 너무 낭비되는 것이다.

법이 이렇게 근로자를 과잉보호하다 보니, 회사도 직원을 내보내기 위해서 갖은 노력을 하기 시작했다. 정말 치사한 방법까지 동원하여 직원이 스스로 그만두게 만드는 것이다. 하지만, 직장 내 괴롭힘까지 근로기준법이 간섭하면서, 이제 불필요한 인재를 회사에서 내보내는 것은 거의 불가능에 가까워졌다.

사람을 해고할 수 없으므로 더 생산성 있는 사람을 뽑을 수가 없어졌고, 미래에 대한 투자도 불가능하게 되었다. 회사가 생산성의 성장이 멈추면 사람들도 성장을 멈추게 된다. 그 와중에도 성장하는 사람들은 더 좋은 회사로 이직하는 반면, 성장하지 못한 사람들은 그 회사에 계속 남아있으면서 악순환을 반복하게 된다. 그러다가 어느 특이점이 오면 생산은 멈추고 결국에는 역성장하게 된다.

이렇게 되면서 사회 초년생을 사회화시키는 시스템은 붕괴하기 시작했다. 대기업은 신입사원 교육에 투자할 돈을 차라리 연봉으로 얹어서 이미 길러진 사람을 고용하는 것이 비용적으로 훨씬 이득이란 것을 깨닫게 되었다. 그래서 모든 공채를 없애고, 수시로 필요한 사람을 제대로 된 가격을 주고 고용하면서, 생산성을 높이는 방법을 선택하게 되었다.

청년들은 졸지에 양질의 비즈니스에 진출할 기회를 상실하였다. 사회 초년생에게 가장 필요한 것은 일할 수 있는 기회이다. 그런데 고용이 리스크가 되면서 불확실성이 매우 높은 신입사원을 고용하여 교육까지 시키는 것을 기업이 더 이상 감당하지 않게 되었다. 신입사원에게 투자될 돈을 능력이 검증된 경력 사원들에게 급여로 지급하면서, 신입사원을 길러내는 사회시스템은 완전히 소멸하게 된 것이다.

청년들은 언제 열릴지 모르는 수시모집 시장을 바라보며 스펙만 쌓기에 열중하게 되었고 스펙의 기준은 날이 갈수록 높아져만 갔다. 취업시장은 말 그대로 약육강식의 시대로 접어들었다. 대학 생활에서는 '낭만'이 사라지고, 학벌 관리를 위해서 재수나 편입을 통해서 학교를 갈아타기도 하고, 졸업을 유예한 상태에서 취업에만 전념하는 소위 '대학 5학년' 생활이 보편화되었다.

정작 기업에서는 신입사원을 뽑아서 사회화를 시킬 수 없다 보니, 실무 감각이 떨어지게 되는 경험을 하게 되었다. 이러한 경험은 신입사원에게는 점점 기회가 상실되는 악순환의 고리를 만들었고, 대학 졸업자들은 좁은 취업 문을 뚫지 못하고 결국 자발적 실업자가 돼 버렸다. 이렇게 대한민국의 대학 졸업자 405만 명은 취업을 포기하게 된 것이다.

—의료개혁이 가져올 뉴노멀
상급종합병원(수련병원)의 붕괴가 가져올 미래

이렇게 대학 교육이 무너진 것은 사회가 원하는 인재를 배출하는 것이 아니라, 학부모가 원하는 학생을 배출했기 때문이다. 출산율이 급격하게 줄어들면서 초등학교, 중학교, 고등학교가 차례대로 폐교하게 되었고 심지어는 서울 시내에서도 폐교하는 학교들이 속출하기 시작했다. 그러나 대학 입학정원은 꾸준하게 늘어났고, 특히 학생들이 선호하는 인기과들은 매년 정원이 증가하기까지 하였다. 그 결과, 산업 전반에 걸쳐 모든 영역에 있어서 일자리 대비 배출되는 대학 졸업생들은 넘쳐났고, 그 결과 대학을 나와서 직업을 갖게 되는 전공은 거의 사라지게 되었다.

한때는 교대와 사범대가, 한때는 법대가 인기가 있다고 하면 정부는 증원을 해대기에 바빴고 이제는 변호사, 법무사, 세무사, 노무사 등 전문직이 인기가 많아지니까 자격증 수를 늘리기에 바빴다. 청년들에게 희망을 주겠다고 늘려 놓은 대학 정원과 자격증 숫자가 청년들을 무한 경쟁의 늪으로 빠뜨리는 것을 학생 때에는 알 수가 없었다. 그저 좋은 대학교를 가면 좋은 직업을 가져갈 수 있다고 생각했다. 하지만, 실제로 대학에 입학하면 직업이 바로 연결되지 않기 때문에 대학 생활 동안 취업을 걱정할 수밖에 없게 된다. 의대를 제외하고는 '대학=직업'이 되는 시스템이 무너진 것이다.

그런데, 의대마저 이렇게 증원이 되면, 종합병원의 전공의 수련 시스템은 대기업의 신입사원 교육시스템이 무너진 것처럼 무너질 것이다. 종합병원은 의대를 졸업하고 의사면허증을 딴 대학 졸업생을 사회화시키는 교육시스템이었다. 적어도, 환자를 어떻게 대해야 하고, 간호사들과는 어떤 관계를 맺어야 하며, 병원의 실무를 배우는 과정이 되었다. 물론 전문의를 따기 위한 하나의 수련 과정이기도 했지만, 임상경험이 거의 없는 의사들에게 실무를 가르쳐주는 공간이기도 했다. 더 높은 수준의 의료지식을 갖기 위해서, 환자의 치료 확률을 높이기 위해서 배우는 대학병원의 인턴과 레지던트 시스템은 자신에게 어떤 분야가 잘 맞는지 고민해 보고, 또 더 깊은 전문지식을 갖추기도 하면서 실무경험을 갖게 되는 수련의 장이었다.

그런데, 이 대학병원이 전공의의 이탈로 무너지기 시작했고 정부는 전문의 위주의 병원을 만들겠다고 선언하였다. 그것이 가능한지, 불가능한지는 실무에서의 디테일이 있을 것이다. 교수들이나 의료정책연구소에서는 불가능하다고 한다. 결국 대학병원들은 적자를 감당하지 못하고 무너질 것이 분명해 보인다. 이렇게 되면 'Big 5' 등 경쟁력 있는 몇몇 대학병원을 제외하고는 다른 병원들은 살아남지 못할 것이 눈에 보인다. 그러면 현재 대기업 중에 공채를 선발하는 기업이 없듯이 대학병원에서도 전공의를 선발하지 못하게 될 수도 있다.

그렇게 되면 어떤 일이 일어날 것인가는 기업의 인재 시장이 무너진 것을 보면 충분히 예측할 수가 있다. 대학을 마친 인재들을 교육할 수 있는 시스템은 무너질 것이다. 지금은 경기도 지역에 대학병원의 분원으로 6,600병상 등이 예정되어 있으니 좀 채워질 수 있겠지만, 매년 쏟아져 나오는 인재에 비해서 전공의의 자리가 턱없이 부족할 것은 불 보듯 뻔하다. 지금도 특정 과는 인재가 없고, 또 다른 전문 분야는 T/O가 없는 인력배분의 불균형이 있다. 만일 진짜 의료개혁을 원했다면 이 인력분배의 불균형을 해결했어야 했다. 단순히 2,000명만 증원한다는 정책에 의해서 대학 졸업자의 사회화를 시키는 시스템은 붕괴하게 될 것이다.

　3차병원이 졸업자들을 수용하지 못하면, 2차병원에서 수련하는 경우가 생길 것인데, 2차병원은 아직 전공의를 체계적으로 배출하기에는 다소 무리가 있는 병원들이 많다. 만일 2차병원으로 대학을 갓 졸업한 의사들이 배치된다면, 그들은 질 낮은 수련환경 속에서 값싼 인력으로 고용될 것이 뻔히 보인다. 그렇게 되면 인력의 질에서 양극화가 생기게 된다. 대형병원 출신과 2차병원 출신의 전문의들이 사회로 배출되었을 때, 경쟁력 없는 전문의들은 개원을 하기보다 낮은 급여로 페이닥터를 할 가능성이 상당히 높다. 또한, 교육의 질이 저하됨으로 인해서 제대로 수련받지 못한 의사들이 많이 배출될 것이고, 당연히 의료사고의 가능성은 점점 더 높아질 것이다. 이것은 지금도 과실 없이 10억~15억을 배상하는 판결이 나는 대한민국에서 의사들에게도 불행한 일이지만, 결국 질낮은 의료서비스를 받는 환자와 국민에게 가장 큰 피해를 주는 결과를 가져온다는 것이 더 안타깝다.

　3차병원에서 수련을 못 한다고 훌륭한 의사가 배출되지 않는 것은 아니다. 2차병원에서도 좋은 스승을 만나면 충분히 좋은 인재로 성장할 수 있다. 그런데, 그렇게 실력이 좋게 되면, 3차병원에서 스카웃하게 된다. 인재가 좋으면 돈을 더 벌 수 있는 곳으로 이동하는 것이다.

　중소기업에서 성장한 인재가 대기업으로 이직하듯이, 2차병원에서도 실력이 입증되면 더 큰 병원으로 이동하게 된다. 그렇게 되면 대형병원은 인재를 교육하기보다 다른 곳에서 잘 성장한 전문의를 영입하는 것이 훨씬 효율적일 것이다. 이것은 당장 1~2년에 일어나는 것이 아니다. 장기간 다양한 경험을 하면서, 인재를 사회화시키는 시스템이 무너지면서, 그 대가는 각자도생 속에서 생존의 문제가 되어 버린다. 사회화가 잘된 인재는 돈과 명예를 모두 얻어가지만, 사회화가 되지 못한 개인은 돈과 명예를 모두 얻어갈 수 없게 된다. 그렇게 되면 의대는 더 이상 직업을 보장해주는 대학이 될 수 없게 된다. 대학은 대학의 연구를 위해서도 존재해야 하지만, 사회로 인재를 배출하는 역할을 해야 하는데, 인기 학과를 정치적인 명분을 통해 증원하다 보니, 사회로 인재를 배출하는 기능을 상실해 버렸다.

그러다 보니 직업과 대학이 연계된 마지막 집단인 의대마저 무너진다면, 청년들에게 삶의 희망이 없어지게 된다. 2024년 현재 (2025년 입학) 전체 대학의 정원은 47만 명이고, 입학할 수 있는 인원은 37만 명이다. 결국 마음만 먹으면 대학을 갈 수 있다는 것이다. 그리고 이렇게 모자란 정원은 다른 나라 사람들이 채우고 있다.

이렇게 정원이 초과하여 있는데도 대학의 입학정원을, 구조조정을 해야 함에도 불구하고 대학은 개혁하지 못하고 체계가 잘 잡혀있는 의대를 개혁하고 있다. 10년이 지나면 대학이라는 것이 과연 직업을 갖는 통로로서 기능이 남아있을까? 대학마저도 의무교육이 되는 것은 아닐까?

수십 년간 이루어진 시스템에는 그만한 이유가 있고 서사가 있다. 이러한 서사와 이유를 무시하고 진행하는 개혁이 더 좋은 결과를 가져올 수 있다고 생각하는가? 인재를 배출하는 시스템은 수십 년간에 걸쳐 가장 효율적인 방법으로 개선되어서 만들어지는 것이다. 그러나 시스템이 한 번 무너지는 것은 순식간이고 그것을 다시 세우는 일은 상당이 어려운 일이 될 것이다. 앞으로는 어느 병원에서 수련받았는가 보다는 어떤 선배를 만나서 어떤 의술을 배웠는가가 더 중요해지는 시기가 올 것이다. 그렇게 되면 병원도 인재를 찾는 것이 쉽지 않겠지만, 환자들도 명의를 찾아서 공부하는 시기가 반드시 올 것이다. 시스템을 믿지 못하는 사회가 치러야 하는 비용은 너무나 크다.

4. 갈등을 만드는 교육,
효율성 없는 복지

의료개혁을 다루려면, 두 가지 측면을 살펴봐야 한다. 하나는 복지의 영역으로, 의료 혜택을 받는 국민의 입장이다. 다른 하나는 교육의 영역으로, 의사들을 배출시킨다는 관점이다.

보건복지부에서 의료를 다룬다는 것은 복지의 혜택을 받는 소비자의 입장에서만 철저히 다루게 된다. 그런데, 공급의 입장에서 본다면 의료는 교육에서 시작되는 것이다. 대학병원이 존재하는 이유는 일반 병원에서 다룰 수 없는 환자를 수용하는 상급종합병원의 기능도 있지만, 대학병원의 전공의들을 수련시키는 교육기관이기도 한 것이다.

그래서 3,000명인 의대 정원을 66% 증가시켜 버렸을 때, 모든 이슈를 의대 정원이 빨아들이기 시작했다. 학생과 학부모들에게 의대 정원이 어떻게 이루어질 것인가는 초유의 관심사가 되었고 심지어는 잘 다니던 직장도 때려치우고 의대로 전향하겠다는 사람들이 생겨나면서, 언론에는 온갖 자극적인 기사들로 도배되기 시작했다.

그런데 누구나 느끼다시피 대한민국의 공교육은 이미 산으로 간 지 오래다. 하드웨어 시스템은 초등학교부터 점점 의무교육을 확대하는 방향으로 가고 있지만, 소프트웨어를 들여다보면 교육의 목적을 상실한 듯하다. 공교육의 목적은 보편성의 확장이다. 사회구성원들이 보편적으로 생각하고 암묵적으로 동의한 사실들을 객관화하여 새로운 세대들에게 가르치고 사회의 구성원이 되도록 양성하는 시스템이 공교육이다. 그리고 그 보편적인 교육들이 다 이루어지면 좀 더 전문적이고 세분화된 교육을 받게 되는데 그것이 고등교육이나 사교육 쪽에서 보충되도록 설계된 것이다.

1   —보편성을 잃은 공교육

지식에 있어서 보편성이란 인간이 국가 공동체에서 살아가기 위한 공통적인 생각을 말한다. 즉, 국가의 구성원이라면 당연하다고 생각하는 교양과 상식을 뜻한다. 사실 보편적인 생각은 국가가 당위성 위에 지어진 지식의 탑 같은 것이어서 함부로 무너뜨려서는 안 되는 사상이다. 이러한 것을 구체적으로 열거하자면, 언어, 역사, 전통, 문화 등으로 구성될 수 있는 단일 정체성을 말한다.

우리나라의 언어로는 잘 정립이 되어 있지는 않지만, 서양으로 따지면

'Nation'이란 개념이고 태어난 국가의 구성원이 Nation으로서 형성되는 교육을 해야 하는 것이다. 그래서 Nation이 구체적이고 분명할수록 국민은 화합이 가능해지고, Nation이 추상적이고 불분명할수록 그 나라는 분열되고 갈등이 일어나게 된다.

그래서 공교육은 일정한 방향이 있어야 하는데, 지방자치와 함께 시작된 교육감 선거가 우여곡절 끝에 직선제로 바뀌면서 교육이 정치인들의 선거판이 되어버렸다. 그래서 공교육은 보편성을 상실하고 교육감의 정치 성향에 따라 교과서와 커리큘럼이 바뀌기 시작하면서 갈등을 유발하는 교육으로 변화하였다. 하지만, 그러한 공교육의 붕괴 속에서도 교육시스템을 지탱시킨 것이 있었는데, 그것이 바로 대학입시였다.

우리나라 공교육에는 사실상 유급은 없다. 초, 중, 고등학교를 졸업하는데, 출석 일수만 채운다면 문제 삼을 여지는 없는 것이다. 이러한 교육시스템은 학교에서 정당하게 배워야 할 것들을 배우지 못하더라도 다음 단계로 넘어갈 수 있게 만들어 주었다. 그러나 우리나라 특유의 교육열과 좋은 대학을 선호하는 문화는 고등학교에서 대학으로 넘어갈 때 치르는 입시를 학업성취도를 측정할 수 있는 유일한 제도로 만들어 버렸다. 대한민국이라는 나라에서는 응당 배워야 할 것을 배우지 못해도 고등학교까지는 졸업이 가능하게 되었고, 고등학교를 졸업한 사람에 대해서 공교육이 보장할 수 없는 시스템이 되었다. 그래서 규모를 갖춘 기업들은 인재 선발에서 고등학교 졸업자를 지양하게 되었고, 중소기업에서조차도 이름있는 대학 졸업자를 선호하게 되었다. 소위 학력 인플레가 일어나게 된 것이다.

예전에는 고등학교만 졸업하여도 어느 정도 상식선에서 사회화가 된 인재들이 배출되었는데, 시간이 흘러갈수록 대학을 졸업하고 석·박사

학위를 취득하여도 사회화가 된 것을 검증할 수 없는 인재 시장이 되어버렸다.

그래서 오로지 입시로만 평가되는 사회가 되었고, 좋은 대학을 입학시키는 학군이 집값의 중요한 요인으로까지 작용하게 되었다.

배운 자와 덜 배운 자의 간극이 생기기 시작했고 상식적으로 이해할 수 없는 사람들이 생겨났으며, 교양이라고는 찾아볼 수 없는 사람들이 눈에 띄기 시작했다. 사회는 이들에게 '충蟲'이라는 훈장을 달아주기 시작했다. 그리고 갈등이 일어나는 곳에서는 서로에게 이런 닉네임을 달아주며 갈등은 더욱 고조되었다. 정치에서의 갈등은 늘 있었었는데, 이들에게 교육감이라는 자리를 내준 결과 우리는 보편적인 상식과 교양보다 먼저 교육감의 입맛에 맞는 정치철학부터 배우고 갈등을 유발하는 교육시스템이 정착하고 말았다.

이러한 갈등유발 시스템은 사회의 비용을 증가시켜 왔고 사회의 집단을 하나하나 악마화하는 문화를 만들었다. 사회 곳곳의 엘리트 집단은 지탄의 대상이 되고 다수의 질타에 의해서 권위는 무너지기 시작했다. 변호사, 세무사, 노무사 등의 전문직에 대한 존중은 사라지기 시작했고, 나라를 지키는 군인과 국민의 안전을 지키는 경찰의 권위는 땅바닥에 내동댕이쳐졌다. 그러면서도, 직업이 보장되는 직종은 너도나도 도전하였고, 교사라는 직업이 인기가 있으면 교대의 정원을 늘리고, 전문직이 인기가 있으면 합격자를 늘리고, 군복무가 부담되면 군복무를 줄여주는 등 정치인들의 포퓰리즘이 난무하면서 대학의 전문성은 온데간데없어지고 젊은 세대들의 직업은 점점 가치를 상실하기 시작했다. 인구론(인문계 90%는 논다)으로 시작된 문과 붕괴는 결국 문과 8대 전문직의 붕괴로 이어졌다. 또 이과가 인기가 있으면 이과의 정원을 마구 늘렸고, 사범대가 인기가 있으면 사범대의 정원을 마구마구 늘렸다. 그 결과 대학 정원은 많이 증가했으나, 취업률은 매우 낮아졌고 4년간 대학에서 전공을 배운 학생들은 전공에 관련된 직업을 포기하는 것이 어려워졌다. 학력의 인플레로 인하여 개인이 감당해야 할 매몰 비용이 지나치게 상승했기 때문이다.

일부 어른들은 청년들이 어려운 일을 피하고 쉬운 일만 하려고 한다고 질책하는데, 사실 자신의 인생 4년을 매몰시키고 다른 일을 한다는 것은 20대에게는 결코 쉬운 일이 아니다. 입시에 쏟은 시간과 전공에 쏟은 시간을 버리고 허드렛일하라는 것은 인생의 절반을 부정하라는 강요이다.

이런 가운데에도 진입장벽이 높았던 의사라는 직업은 최후까지 지켜온 유일한 직업이 되었다. 국민의 인기에 영합하는 정치인들은 이 의대의 정원을 늘리기 위해서 포퓰리즘을 사용하는 것을 주저하지 않았다.

교육의 붕괴는 의대 정원을 늘려야 하는 중요한 원인이라고 하지만, 어느 누구도 교육시스템을 바로 잡으려고 하지는 않고, 자신의 정치적 치적을 내세우기 위해서 틈만 나면 의대 정원 늘리기에 혈안이 되었다.

2   ―효율성을 잃은 복지

교육이 공급자 입장에서 의사를 늘려야 하는 이유를 제공했다면, 수요자 입장에서 의사를 늘려야 하는 이유는 복지라는 시스템이 중대한 원인이 된다. 보건복지부로 칭하는 의료와 복지를 합한 정부 부처는 보건과 복지를 동일 선상에 놓고 본다. 특히 보건복지부 장관은 보건을 다루는 의료

인이 장관을 하는 경우가 거의 없다. 보건은 이과이고 복지는 문과인데 이과적인 사고를 하지 않는 장관들이 복지 정책을 하기 위해서 보건을 이용하는 구조로 오랫동안 운영되었다.

그래서 복지 관련 출신들은 보건에 대해서는 실상을 잘 모른다. 그래서, 대부분은 그것을 잘 아는 전문가를 뽑아서 배치하거나 조언을 듣기 마련이다. 또한 공무원 사회에서 보건 분야에 대해 전반적으로 이해하기에는 압도적인 지식의 양 때문에 진입장벽이 높기도 하다. 그래서 어느 정도 시간이 지나고 근무 경력이 높아지면, 자신이 그 분야에서 가장 잘 알고 있는 사람으로 착각하게 된다. 그리고 자신의 판단과 직관에 의존하게 된다. 그런 상황에서 대통령이나 장관은 복지를 소비자의 입장에서 접근할 수밖에 없다. 대통령과 장관은 정치인이다. 장관은 정치인이 아니더라도 대통령의 측근이기 때문에 정치적인 결정을 할 수밖에 없다. 그러다 보니, 국민의 입장이라고 이야기하지만, 소비자의 입장에서 정책을 구상할 수밖에 없다. 그래서 이왕이면 더 좋은 의료를 더 싸게, 더 이용하기 쉽게 되기를 바라면서 정책을 입안하게 된다.

하지만, 의료를 공급하는 것은 의사이지 정부가 될 수 없다. 특히 생명과 직결된 분야라면 전문성을 배제할 수 없다. 더 좋은 의료를 만들어내는 것도, 더 싸게 공급하는 것도, 더 많이 공급하는 것도 의사의 몫이다. 그런데 이것을 소비자 입장에서 강요하다 보니까, 의사를 많이 공급하는 것만으로 모든 것이 해결할 수 있다고 보는 것이다. 의사를 많이 공급하는 것은 단순히 많이 공급하고 싸게 공급하는 것이 될 수는 있지만, 좋은 의료를 공급하는 것이 될 수는 없다. 좋은 의료를 공급하기 위해서는 좋은 인재를 뽑아서 혹독한 교육을 해야 하는 문제이기 때문이다.

좋은 인재를 뽑는 것은 대학입시제도가 메디컬 고시가 되어 버린 덕분에 가능해졌다. 하지만, 뽑아 놓은 좋은 인재를 좋은 의사로 만드는 것은 복잡한 이야기가 된다. 훌륭한 교수들이 확보되어야 하고, 이론과 실습이 가능한 충분한 공간이 필요하며, 다양한 경험이 가능하도록 현장이 준비되어야 한다.

그런데 소비하는 입장에서는 공급이 되는 복잡한 시스템 따위는 이해할 수 없다. 단순히 많이 공급되기만을 바랄 뿐이다. 그래서 복지를 하는 입장에서 '보건의료는 많이 공급하면 좋다'라는 단순한 논리로서 정책을 하게 되는 것이다.

하지만, 지구상의 무엇도 사람들에게 충분한 공급은 존재할 수 없다. 우리가 풍족하다고 느끼는 식량의 문제만 하더라도 어느 나라에서는 풍족하게 쓰일 수 있지만, 어느 나라에서는 늘 모자란다. 모든 사람이 동일한 혜택을 누리기 위해서는 수요보다 압도적인 공급이 필요하다. 그런데 우리가 가진 자원은 늘 부족하다는 사실은 우리에게 어떤 부분의 포기를 강요한다. 그래서 정책이나 전략은 어떤 부분을 포기할 때, 실현 가능해지는 것이다. 이상적인 모습은 모두가 다 잘 먹고 잘살아야 하지만, 현실에서는 어떤 부분을 포기할 때 비로소 다른 부분을 얻을 수 있게 되는 것이다.

복지라는 것은 모두에게 적용하려면 국가의 예산은 무한대로 발산하게 된다. 모든 영역에서 국민에게 혜택을 주려고 하면, 어느 것도 국민에게 혜택을 줄 수 없는 결과를 가져온다. 이것을 간과하고 모든 국민에게 혜택을 주면, 복지는 효율성을 잃게 되는 것이다. 복지는 생산성을 담보로 하지 않는다. 인간다운 최소한을 제공하기 때문이다. 따라서 국가가 복지로서 국민에게 스스로 해결할 수 있는 영역까지 해결해 주게 되면 그 비효율로 인하여 국가는 존립의 위험을 맞이하게 된다. 지속 가능할 수 없는 복지는 복지가 아니다. 그래서 복지는 필요한 곳에 꼭 하는 선택적 복지를 해야만 한다.

그런데, 보편적 복지를 주장하는 사람들의 논리는 이러한 지속가능성을 무시하고 명분만을 내세워 복지의 비효율성을 증가시킨다. 가장 대표적인 논리는 복지를 받는 사람이 부끄럽지 않게 하라는 것이다. 복지가 필요한 사람에게 복지를 베풀어줄 때, 복지를 받는 사람이 자존심 상하지 않도록 부끄럽지 않은 방법으로 베풀라는 것이다. 복지를 베풀되, 아무도 알아서는 안 된다는 논리가 나온다. 마치 복지를 받는 것이 무슨 죄인 것처럼 느껴지는 그 마음까지도 다루어주어야 한다는 것이다. 그래서 100만 원이 필요한 사람에게 100만 원만 주면 끝나는 일을 모든 국민이 100만 원을 받아야 함으로써 그 사람이 100만 원을 받는 것이 부끄럽지 않게 해야 한다는 것이다.

이런 복지는 두 가지 문제를 일으키게 되는데 첫 번째가 비용의 낭비이다. 100만 원을 안 받아도 되는 사람이 100만 원을 받는 것은 복지의 근본적인 목적을 잃게 만드는 것이다. 또 100만 원을 받아야 하는 사람은 소수인데, 다수가 100만 원을 수령함으로 인하여 심각한 비효율을 낳는 것이다. 또 하나는 인플레이션이다. 100만 원을 주면 100만 원의 가치를 사용할 수 있는데, 모든 사람이 100만 원을 받게 되면 100만 원의 가치는 이전의 100만 원의 가치를 발휘할 수 없다. 그래서 상당한 비용을 썼음에도 불구하고 원하는 성과는 달성되지 않는다.

의료의 분야에서도 마찬가지이다. 매년 3,000명의 의사가 공급되는데,

2,000명을 늘려서 5,000명을 배출하게 되면, 교육하는 비용은 증가하지만, 의료의 질이 떨어지는 것은 당연하다. 수요자의 입장에서 급하게 공급한 모든 것은 '질의 저하'라는 결과를 가져오게 되며, 그로 인한 비용의 증가는 고스란히 국가와 국민이 떠안아야 하는 문제로 다가오게 될 것이다.

3장

가운혁명

—역사에 남을 숭고한 청년들의 저항

1. 사상가들의 눈으로 보는
   의료개혁의 문제점

현대 국가 체제를 만드는 사상가 중에 민주주의의 바이블처럼 이야기되는 사람들이 토머스 홉스와 존 로크이다. 이들은 국가와 개인 간의 관계를 '사회계약'이라는 개념으로 정립한 사상가이고, 이들의 사상을 바탕으로 현대적 국가가 탄생하였다.

절대왕정의 사상적 기반이 된 철학자가 마키아벨리였다면, 입헌군주제의 사상적 기반은 토머스 홉스로부터, 현대국가의 사상적 기반은 존 로크로부터 나왔다. 존 로크가 주장했던 많은 내용이 있지만, 『통치론』이란 책은 개인이 국가와 어떤 관계를 맺어야 하는지 정리할 수 있게 해주고, 의료사태를 분석할 수 있는 실마리를 제공해 준다.

1

—정부의 존재 목적
: 의사가 '밥그릇'을 외쳐야 하는 이유

존 로크 『통치론』에 의한 입법권과 통치권

존 로크가 『통치론』을 썼던 1689년의 유럽은 봉건제의 천주교와 개혁 종
교인 개신교가 주된 사상을 이루고 있던 시기였다. 따라서, 존 로크가 바
라보는 개인과 국가 간의 사회계약론은 성경의 천지창조에서부터 기원
을 두고 있다. 신이 만든 최초의 인간 아담은 성인으로 만들어졌다. 그리
고 그는 신으로부터 이성을 부여받았고 땅을 정복하고 번성할 수 있었다.
그렇다면 땅을 어떻게 정복해야 했을까? 그것을 로크는 사유화를 통해서
정복해 나갔다고 본다.

죄를 짓고 난 후에 태어나는 인간들은 이성이 성숙하지 못했고 부모는
자녀의 이성이 성숙해져서 이성적인 판단으로 살아갈 때까지 보호해야
하는 의무를 지고 있다. 아이가 성장하지 못해서 힘과 이성을 갖지 못하
게 되면 자연을 다스릴 수 없게 된다. 그래서 자연을 사유화하지 못하면
인간은 홀로 독립할 수 없게 된다.

그렇다면 어디서부터 사유화라고 할 수 있을까? 배가 고프면, 사냥하
고 채집하여 요리하고 취식하게 된다. 취식하고 소화하게 되면 비로소 자
연을 완전히 소유하게 되고 생명을 유지하게 된다. 그렇다면 어디서부터
내 것이라고 할 수 있을까? 취식했더라도 소화가 되기 전에 구토하면 소
유할 수 없게 된다. 취식을 못하고 입에 넣었어도 빼앗길 수 있고, 요리하
고 나서도 빼앗길 수 있다. 또한 사냥과 채집 이후에도 빼앗길 수 있다.
자연상태에 그대로 있는 것을 공유의 상태라고 하면 언제 개인의 소유상

태에 놓이게 되는가에 대해서 존 로크는 공유물에 행위를 더해서 가치를 창출하면 사유가 된다고 보는 것이다. 이때를 보장하지 못하면 개인은 결국 소화할 때까지 사유재산으로 보호받지 못하고 결국은 생명을 유지할 수 없는 상태에 놓이게 된다고 보았다. 소유할 때부터 빼앗기는 위험에 노출된다면 결국에는 그 위험은 생명을 유지하지 못하게 만들 가능성이 높다. 사유화된 것을 빼앗길 수 있다면 결국에는 개인의 생명도 보장받을 수 없다. 그래서 개인에게 국가는 사유재산을 지켜주기 위해서, 꼭 필요한 시스템이다. 개인이 국가에 권력을 양도하고 국가의 권력에 복종하는 이유는 오직 하나, 나의 재산을 지키기 위해서이다. 공공의 이익이나 가난한 사람을 도와야 하기 때문이 아니다. 국가가 나의 재산을 지켜주지 않는다면, 개인에게 국가는 필요 없는 존재가 되어 버린다.

　아직 산업혁명이 일어나지 않았던 존 로크에게 땅은 개인이 아무리 소유한다고 해도 모두 소유할 수 없는 무한한 생산수단이었다. 로크에게 소유는 많이 가질수록 좋은 개념이었다. 그것이 곧 정복이었기 때문이다. 개인이 자연을 정복하면 할수록 개인이 속해있는 사회도 많은 영역을 정복해 나가게 된다. 하지만, 로크에게는 유일한 나쁜 소유가 있었는데, 그것은 소유함으로 인해 그 가치를 잃어버리는 소유였다. 과일이나 고기의 경우 소유할 수 있지만, 부패하면 음식으로서의 가치를 잃어버리게 된다. 정복이라는 것은 소유라는 행위를 통해 소유물에 가치를 더하는 것인데, 소유라는 행위가 가치를 잃게 만든다면 그것은 좋은 소유가 아닌 것이다. 잉여는 잉여로 남아 있을 수 있어야 정복된 것이다. 잉여가 부패로 사라진다면, 온전한 정복 상태가 아니다. 그래서 온전한 정복을 할 수 없는 사람들은 자신이 소유할 수 없는 잉여를 기부하게 되는 것이었다.

하지만, 화폐가 생기면서 나쁜 소유는 사라지게 되었다. 화폐는 부패하지 않는다. 그래서 언제든지 사물을 교환할 수 있는 구매력이 생겼다. 생산성이 잉여로 남지 않고 화폐로 저장이 가능해지면서, 인간의 생산성은 급격하게 발전하게 된다. 화폐로 저장이 가능해지면 사유재산은 능력이 되는 한 축적이 가능해졌고, 나쁜 소유란 개념은 사라졌다. 개인은 자신의 소유를 화폐로 보유하면서 원하면 언제든지 필요한 것을 획득할 수 있는 구매권을 온전하게 가지게 되었다.

　자연의 생산성이 1이라면 사유화되었을 때 인간은 10배, 100배의 생산성을 가져온다. 존 로크가 생각할 때, 신이 인간에게 번성하고 땅을 정복하라는 명령은 인간의 생산성을 통해서 더 좋은 결과를 내라는 것이었다. 그래서 정부는 개인이 사유재산을 소유할 수 있도록 장려해야 한다. 그래야 개인은 사유재산을 소유하기 위해서 생산성을 높이려고 노력할 것이고 그것이 전체 사회의 생산성을 높이는 결과를 가져오게 된다. 높아진 생산성을 지니게 되고 개인에게 소유가 많아지면 많아질수록 자신의 소유가 가치를 잃어버리는 시점이 오게 된다. 소유가 가치를 잃어버리기 전에 주변에 나누어 주지 않으면 개인은 나쁜 소유를 하게 된다. 그 나쁜 소유를 하지 않기 위해 가치가 사라지기 전에 소유한 것을 주변에 나누어 주는 것, 그것이 개인이 사회에 보내는 진정한 베풂이다.

　그런데 정부가 본연의 목적을 잃게 되면, 정부는 개인으로부터 위임받은 권력을 폭력처럼 휘두르게 된다. 개인이 과하게 소유하는 것을 정부의 판단 아래 평가받게 되면 정부는 개인이 원하는 만큼의 사유재산이 형성되는 것을 막게 되고, 잉여 기준도 정부가 판단하게 되는 것이다. 그 결과 프로크루스테스의 침대와 같은 정책이 폭력적으로 행해진다. 너무 과도한 부를 가진 사람들을 정부의 기준으로 나쁜 소유를 한 사람으로 만들고 그 나쁜 소유를 강제로 빼앗아서 가지지 못한 사람들에게 나누어주는 역할을 하게 되는 것이다.

개인의 사유재산권을, 사회를 위해서 공공을 위해서 빼앗는 순간 개인의 사유재산은 남아 있을 수 없게 된다. 사회에 비용이 필요한 곳은 끝이 없고, 어떠한 이유로도 개인의 사유재산이 침해되기 시작하면, 나머지 재산은 안전하다는 보장이 없다. '텐트 속의 낙타 코'처럼 한번 침해된 사유재산은 다른 명분으로 침해되고 또 침해된다.

의사의 급여가 너무 많다는 이유로 의사의 정원을 늘려야 한다는 것이 그런 논리이다. 의사는 돈과 명예를 동시에 쥘 수 있는 집단 중에 하나라는 이유로 끊임없이 '개혁의 대상'이 되어왔다. 나는 그런 논리를 이해할 수가 없다. 국민에게 좋은 의료라는 명목으로 개혁한다고 하지만, 세계 최고의 의료시스템을 왜 개혁해야 하는지는 모르겠다. 하지만, 확실한 것은 7개의 정부에서 9번의 개혁을 시도했다. 그리고 그 9번의 개혁을 진행하면서 의사들은 하나둘 자신들이 가지고 있는 권리들을 하나씩 내려놓았다.

당연지정제, 의약분업, 포괄수가제 등으로 의료는 개혁할 때마다 국가의 소유가 되었다.

① 의료수가제도 ─ 잘못 끼워진 첫 단추

1976년 의료보험이 탄생했고 처음 수가를 책정하면서 의료비를 국가에서 지정하는 형태로 출발하였다. 돈이 없었던 국가는 의사들에게 희생을 강요하였다. 의료의 수가를 55%로 책정하여 의사로 하여금 손해를 보도록 만든 것이었다. 500인 이상 사업장에서 일하는 근로자들을 대상으로 한 직장의료보험으로 출발해서 그 수는 상당히 적었지만, 국가는 국민들의 부담을 줄여야 했기 때문에 정부는 의사들에게 '보험 가입자가 늘어나면 수가를 올려주겠다.'라고 말했다. 그리고 이 말은 지금까지도 지켜지지 않고 있다. 정부의 의료정책의 첫 단추는 거짓말로부터 시작한 것이다.

낙타의 코처럼 처음에 비집고 들어왔던 보험 수가는 어느덧 의사들을 의료행위로부터 멀어지게 만들어버렸다. 애초부터 국민에게 이득이었던 건강보험 제도는 점진적으로 가입자가 늘어나기 시작했고 1989년에는 전국민이 의료보험에 가입하게 되었다. 그렇게 되었는데도 수가는 거의 오르지 않았고, 의사들은 환자를 진료하면 할수록 손해를 보는 시스템 속에서 희생하면서 살아왔다. 그래서 안 써도 되는 약을 더 쓰고 제약회사로부터 리베이트를 받고 환자를 오래 입원시키면서 손해를 메꿀 수밖에 없었다. 정부는 의료에 대해 국민에게 생색을 낼 수 있었기 때문에 눈을 감아 줬고, 국민은 정부가 엉터리로 설계한 의료시스템 안에서 보이지 않는 의사의 희생으로 채워지는 의료의 혜택을 마음 편하게 누릴 수 있었다.

② 당연지정제와 의약분업 — 의료붕괴의 시작

2000년은 당연지정제와 의약분업이 동시에 이루어지면서 한국의 의료가 몰락의 길을 걷기 시작하는 원년이라고 봐야 할 것이다. '진료는 의사에게 약은 약사에게'라는 슬로건으로 의사가 마치 진료와 약에 대한 모든 권력을 가진 것처럼 악마화시키기 시작한 것도, 약에 대한 권리를 마치 밥그릇처럼 보이게 한 것도 이때부터 시작이라고 봐야 한다.

약에 대한 권리를 의사로부터 빼앗으면서 진료수가를 올려주는 식으로 합의를 얻어냈지만, 건강보험의 재정은 빠르게 파탄의 길로 가기 시작했고, 진료수가는 얼마 후 다시 내렸다. 보건복지부 장관은 경질되었고 대통령은 사과하였지만, 그것으로 끝이었다.

수익을 낼 수 없는 병원들은 시간이 오래 걸리고 수익에는 도움이 안 되는 맹장 수술 같은 간단한 수술조차 하지 않았다. 이때부터 박리다매를 통하여 수익을 창출하는 '3분 진료'가 보편화되기 시작했다. 그리고 비급여진료를 통해서 시스템에 의한 적자를 해결하는 방식이 정착되었다(비급여진료란, '일상생활에 지장 없는 질환에 대한 치료'로서 성형, 피부미용 등이 여기에 속한다). 나아가 실비보험제도가 도입되면서 비급여시장은 빠르게 성장하였다. 종합병원에서는 초음파, CT, MRI 등의 검진 장비를 통하여 수익을 창출하기 시작했다. 그리고 이때부터 '건강검진'이라는 개념이 국민에게 자리 잡기 시작했다.

당연지정제는 지역보험만 통합시킨 것이 아니었다. 지역간에 균형적 의료발전을 위해서 시행되던 진료권 제도를 폐지하게 되었다. 지역보험은 지역 내에서만 진료받을 수 있게 하는 허들이었다. 의사의 판단 없이 다른 지역으로 이동하여 진료를 받게 되면 건강보험을 받을 수 없도록 하는 것이 진료권 제도였다. 하지만, 이 진료권 제도가 폐지되면서 환자들은 언제든지 다른 지역으로 이동하여 진료를 받을 수 있게 되었다.

2004년에 개통된 KTX는 급한 환자까지도 서울 등 대도시병원으로 환자들이 몰리게 만들어 주었고, 경증과 중증을 가릴 것 없이 대도시 큰 병원으로 환자들이 몰리게 했다.

③ 포괄수가제 ─ 필수의료의 소멸

2024년 현재 우리나라의 지불제도는 행위별수가제, 포괄수가제, 신포괄수가제 등으로 이루어져 있다. 행위별수가제는 진찰, 검사, 처치 등 의료진의 진료행위를 모두 합산해 진료비를 상정한다. 포괄수가제는 환자에게 제공되는 의료서비스의 종류나 양과 관계없이 7개 질병의 진료행위를 미리 책정된 진료비로 지급하는 것을 의미한다. 신포괄수가제는 포괄수가제에 행위별 수가제적인 성격을 반영한 모형으로 입원료와 처치 등 진료에 필요한 의료서비스는 포괄수가제로 묶고 의사의 수술이나 시술 등은 행위별 수가로 별도 보상하는 제도이다.

2013년에 도입된 포괄수가제는 어떤 의료서비스를 하더라도 진료제공자가 추가적인 비용에 대해서 책임져야 한다. 환자에게 저렴한 의료서비스를 받도록 만든 제도이지만, 결과적으로는 저렴한 서비스에 머무르게 만드는 제도이다. 사회는 인플레이션 되는데 의료는 포괄수가제로 묶어 버리고, 새로운 기술이 도입되면 비용이 증가하는데, 증가한 비용을 진료제공자가 다 떠안아야 하므로 더 좋은 기술이 나오더라도 그 기술을 사용하지 않게 된다. 산부인과가 대표적인 포괄수가제를 적용받는 과인데, 산모를 받아서 분만을 진행할수록 적자이다. 그리고 분만 시 사고가 생기면 10억 이상의 배상을 하라는 판결로 인하여, 운영이 되지 않는 것이다. 오랫동안 의사로서만 지식을 쌓았던 많은 의사가 생을 마감하는 선택을 할 수밖에 없었다. 하지만, 그 시스템을 만든 장본인은 승승장구하여 보건복지부의 차관이 되었다. 의료제도와 정책은 공무원에게는 승진하는 시스템이었나보다.

필수의료의 분야에서 환자들의 부담을 낮추기 위해 도입했던 탁상행정은, 아무도 포괄수가에 해당하는 진료를 하지 않는 결과를 가지고 왔다. 환자들은 양질의 의료를 원하지만, 의료수가를 정부에서 정하기 때문에 그 안에서 의사의 희생만을 강요하게 되는 시스템이었던 것이다. 그나마, 정부가 돈이 없어서 민간이 알아서 해결하게 했던, 리베이트도 아무런 대가 없이 불법으로 규정하고 의사들을 악마화하면서, 의료서비스를 하고 벌어들일 수 있는 수익구조를 무너뜨려 버렸다.

"지난 아홉 번의 의정 갈등에서 의사들이 다 이겼다."라는 대통령의 말은 틀렸다. 의사들에게 일방적으로 정책을 발표한 정부의 정책 실패였다. 그리고 대부분의 정책은 정부가 원하는 대로 흘러갔고 의사들은 그저 "그렇게 해서는 안 된다"라는 의견을 내고 지켜보는 것으로 끝났다.

의료보험 수가도 정상화해야 한다고 외쳤고, 의약분업을 하게 되면 건보재정이 파탄 날 것이라고 했다. 그리고 무리하게 진행했던 정부는 결국 실패를 인정했다. 하지만 다시 되돌려 놓지 않았다. 한 번도 의사가 이긴

적이 없다. 정부의 정책이 의사가 예측한 대로 실패했을 뿐이다. 아홉 번의 의정 갈등에서 의사가 이겼다면 의사 집단은 이미 대한민국 의료정책의 최상단에 있어야 했다.

정부의 아홉 번의 의정 갈등 속에서 의사들은 벌이가 더 안 좋아졌고, 사법 리스크에 무방비로 노출되었으며 의료의 질은 후퇴하였다. 의사들이 하지 말라는 것만 골라서 한 결과 의사들은 사명을 잃었고 환자들은 건강을 잃고 있다.

3   —최고의 권력은 '입법부'
: 의사들이 정당에 요구해야 하는 것

의대 정원 문제는 행정부의 문제이다. 왜냐하면 정부의 정책이기 때문이다. 그렇다면 정당과 국회의원들은 무엇을 해야 하는가? 행정부를 견제하기 위해서 의사나 의대생이 정치인과 만난다면 무엇을 요구해야 하는가? 이런 것을 모르는 상태에서 사람만 만난다면 반드시 효율성을 잃게 마련이다.

존 로크는 입법부를 최고의 권력으로 보았다. 우리가 생각하는 바와 상당히 다르다. 제왕적 대통령제에 있는 우리나라는 대통령을 최고의 권력으로 생각하는데, 그것은 우리나라가 일제강점기가 되기 전에 왕의 나라에서 살았기 때문이고, 일제강점기에도 일왕의 통치 아래에 있었기 때문이다.

개인이 국가에 권력을 위임할 때, 실제적으로는 두 가지의 권력을 위임해 주는 것이다. 그 하나가 통치권이고, 다른 하나가 입법권이다. 통치권은 다른 말로 법의 집행권이다. 즉 법을 집행하는 권력을 통치권이라고 하는 것이다. 통치권을 특정 개인이 마음대로 사용하지 않게 하려고 입법 권과 분리되게 하는 것인데, 입법이 행정을 견제하는 유일한 방법은 법을 구체적으로 제정하는 것이다. 제왕적 대통령제인 대한민국에서, 대통령이 최고의 권력 같아 보이지만 실질적인 권력은 국민에게서 나오는 입법 권이다. 아무리 대통령의 권력이 강하다 해도 법의 절차에 따라서 집행해야 하는 것이다.

법이 구체화 되면 될수록 행정부는 융통성을 부릴 수 없게 된다. 법의 절차에 어긋나게 되면 그것에 대한 책임을 지게 되기 때문이다. 그래서 입법부가 법을 제정할 때 많이 알지 못하면, 구체적인 행동을 유발하지 못하는 추상적인 법을 제정하게 되고, 그 추상적인 법은 정부가 국민의 권리를 침해하는 명분만 제공하게 된다. 입법기관에서 법을 제정하게 되면, 행정기관에서는 상위법에 따른 시행령을 제정하게 되는데, 이것이 흔히 이야기하는 명령들이다. 상위법이 추상적일수록 하위법의 재량권이 많아지게 되는데, 현장을 모르는 사람들이 법을 다루게 되면, 결국에는 행정부의 재량권만 강화해 주는 법이 된다. 국민을 위해서 법을 제정하지만, 그 법이 실행되면서 생명, 자유, 재산권을 침해하게 되는 것이다.

앞서서 말했지만, 존 로크에게 공공의 선은 개인의 사유재산이다. 개인의 사유재산을 지키지 못하면 정부는 존재 이유가 없는 것이다. 이러한 사상이 루소로 넘어가면, 루소에게 공공의 선은 시대와 상황에 따라 달라지는 개념이 된다. 루소에게는 그 시대에 공동체가 추구하는 것을 공공의 선으로 인식한다. 그래서 현대사회에서는 사회에 적응하지 못하고 소외된 자들이 공공의 선이 되고 그들에게 이득이 되는 모든 행위는 정당화된다.

이것을 언더도그마Underdogma라고 하는데, 언더독underdog인 약자들은 무조건 선하고, 그 위에 있는 부자나 사회지도층을 형성하는 강자들을 악으로 생각하는 신념, 즉 도그마Dogma로 여기는 것이다. 이러다 보면 국가는 부자나 사회지도층의 사유재산에 징벌적 세금을 부과하고 사회적 약자에게는 과도한 복지를 베풀어주는 홍길동이나, 로빈후드의 역할을 한다.

존 로크의 입장에서는 개인에게 과도한 세금을 부과하는 것은 사유재산권의 침해이다. 현대사회에서 살고 있는 우리는 장자크 루소의 생각을 따를 것인지, 존 로크의 생각을 따를 것인지를 강요받고 있다. 하지만, 정작 공공의 선을 따르고자 하는 개인들도 자기 재산에 침해가 생기는 것을 좌시하지 않는다. 왜냐하면 개인이 생각하는 나는 항상 선하기 때문이다. 그래서 적어도 나는 부자가 아니라 사회적인 약자로 생각한다. 사회가 약자를 선하게 보기 때문에 적어도 나는 약자인 것이다. 그래서 나는 늘 부러진 안경을 착용해야 하고, 뒷굽이 닳은 구두를 신어야 하고 여름에도 에어컨 대신 선풍기를 틀어야 한다. 그렇게 보임으로 인하여 사람들에게는 선한 이미지를 주면서도 자신들의 먹거리는 지키고 싶은 것이다.

로크는 입법하는 데에는 4가지 원칙이 있다고 했다. 공공의 선을 정해 놓고 법을 만드는 것이 아니라, 이 원칙에 따라서 법을 만들어야 한다.

첫 번째, 입법은 개인의 생명과 재산을 자의적으로 다룰 수 없다. 로크는 사유재산권을 중요하게 생각하여 입법이 개인의 재산을 침해해서는 안 된다고 주장했다. 세금의 부과나 제한은 개인의 동의가 필요하며 정부의 권한은 시민의 재산을 보호하는 데 있어야 한다고 봤다.

상속의 경우, 불로소득이라는 관점으로만 접근하다 보니, 노동하지 않고 생기는 부에 대해서 상당히 악하게 보는 경향이 있다. 그래서, 세금도 많이 책정하게 되고 상속에 대한 세금을 내려다가 기업이 몰락하기도 한다. 개인이 세금을 내고 만든 자본은 세대를 연결하여 축적되는 기능이 있음에도 불구하고, 절반 가까이 세금으로 떼어가다 보니, 어렵게 지켜온 기업이 상속으로 인해서 폐업하는 지경에 이르기도 한다. 또한 상속도 본인이 주고 싶은 사람에게 주고 싶은 만큼 하는 것이 아니라 유류분이라고 하여 국가가 정해놓은 일정 비율은 남기도록 법을 제정하였다. 개인이 평생 모아놓고 마지막 가는 길에 행하는 자기 재산에 대한 재산권은 인권과 평등권이라는 공공의 선 아래 무자비하게 짓밟혔다.

의료에 대해서도 마찬가지이다. 의사의 연봉이 몇억이 된다고 2,000명을 증원해야 한다는 논리는 개인이 버는 돈에 대하여 선악을 판단하고 얼마 이상을 벌면 안 된다는 생각으로 법을 만들고 정책을 집행하는 것으로 개인의 사유재산을 침해하는 일이다.

재산을 침해하는 것은 곧 개인의 생명까지도 건드릴 수 있는 것이다. 합의 없이 개인의 재산을 너무 쉽게 건드릴 수 있는 것은 부를 모으는 것을 정죄하는 문화가 한국인의 무의식 속에 뿌리내렸기 때문이다.

개인이 열심히 돈을 모으는 것부터 정죄하니, 모아놓은 재산을 죽기 전에 자기 뜻대로 처분하는 것도 정죄한다. 국가가 모아놓은 개인의 재산을 건드리기 시작하면 결국에는 생명과 직결된 급여의 부분도 건드릴 수 있는 것이다.

두 번째, 법은 반드시 명확하고 알려진 규칙에 따라 제정되어야 한다. 로크는 시민들이 법을 알지 못한 채 처벌받는 것을 방지하고 법의 예측 가능성을 높이기 위해 입법은 명확하고 공개된 법규를 통해 이루어야 한다고 주장했다. 이것은 즉흥적이고 자의적인 명령을 통해서 통치권을 행사할 수 없음이다.

필자가 윤석열 정부의 의료개혁에 분노하는 포인트는 개인의 권리를 침해하는 정책을 내놓으면서도 절차적인 정당성도 없고, 개인에게 동의를 구하지 않고, 강제로 진행하는 것 때문이다. 2,000명이라는 어마어마한 숫자를 증원하면서도 절차는 하나도 지키지 않고 즉흥적으로 발표하였다. 대학 정원을 증원하는 절차는 해당 학년도로부터 1년 10개월 전까지 공표해야 한다. 그런데 이 정부는 2024년 4월에 공표하고 2025년 증원 백지화는 이미 절차에 들어갔기 때문에 철회할 수 없다는 이상한 논리를 앞세워서 개인의 권리에 중대한 침해를 입히는 일을 서슴지 않고 행하였다.

정부 맘대로 법을 무시하고 입학제도를 뜯어고치는 것은 이미 정부가 국민이 만든 법을 집행하지 않으므로 인해 공권력의 권위를 훼손시킨 것이다. 절차적 정당성을 잃은 정책은 이미 신뢰를 잃은 것이다. 정부가 오로지 권위라고 내세우는 것은 89%의 국민이 정책을 지지한다는 자체 여론조사뿐이다. 이렇게 여론조사를 권위로 앞세우는 정부 덕분에 법적 정당성보다 여론을 우선으로 하는 뗏법이 만들어지고 정책으로 입안되는 것이다.

세 번째, 개인의 동의 없이 재산의 일부를 취할 수 없다. 로크는 공공선이란 정부가 시민의 사유재산을 보호함으로써 실현된다고 보았다. 사유재산은 시민 개개인의 노력과 생산성의 결과물이기 때문에 이 재산을 지키는 것이 사회의 안정과 번영에 기여한다고 생각했다.

사유재산의 침해는 세 가지 영역이 있다. 개인의 생명을 빼앗거나, 자유를 빼앗아 노예로 삼는 것이 있고, 재산을 빼앗는 것이다. 세 가지는 명확히 잘 알고 있다고 하지만, 우리가 잘 모르는 것이 있는데 재산을 뺏는 것만이 아니라 점진적으로 사람을 가난하게 만드는 것도 국가의 폭력이다. 특히 의도적으로 궁핍하게 만들어서는 절대 안 된다. 전공의가 사직하고 급여와 퇴직금을 달라고 하자, 정부는 '사직금지명령'이라는 전대미문의 법을 발동하였다. 이것은 인권에 대한 침해이면서 명백한 사유재산을 약탈하는 것이었다. 다른 직업과는 달리 의사는 사직처리가 안 된 상태에서 다른 곳에 취업하게 되면 이중취업이 된다.

한국에서 의사가 병원에 취업하면 해당 병원은 의사의 근로내용을 국민건강보험공단에 등록하게 되어 있다. 그런데 사직처리가 안 된 상태에서 개인병원을 개업하거나 다른 병원에 취업하게 되면 공단 시스템에 두 개의 근무지가 중복으로 등록되고 이것은 불법으로 간주한다. 그래서 이전의 근무지에서 사직처리가 되어 국민건강보험공단에 등록된 것을 말소시켜야 새로 등록이 가능하다.

그런데 사직금지명령을 내린 것은 전공의로 하여금 사직 후 다른 곳에 취업하지 못하도록 국가에서 명령한 것이다. 이것은 취업을 못하도록 개인의 재산을 침해한 것이기도 하고, 전공의의 직업 선택의 자유를 제한하여 노예처럼 취급한 것이다. 이것을 모르는 국민은 전공의들에게 일방적으로 "환자 곁으로 돌아오라!!"라는 말을 쉽게 하였다. 일을 하는 것에 비하여 급여가 적거나 그 직장의 미래가 보이지 않는다면, 사직하는 것은 당연한 일이며 개인의 자유 영역이다. 그러나 국가는 전공의의 미래를 암울하게 만드는 정책을 펼치고, 그 자리를 떠나는 개인에게 사직금지명령을 통해 개인의 자유를 억압하고, 퇴직금 지급을 지연시켰으며, 다른 곳에 재취업하는 것을 막았다.

전공의라는 신분은 의사라는 직업이다. 그리고 전문의 과정을 교육받는 학생이다. 대한민국의 직장인은 누구나 자기가 그만두고 싶으면 그만둘 수 있다. 대한민국의 모든 학생은 자신이 받기 싫은 교육을 거부할 수 있다. 의무교육인 초등학교 과정조차 본인이 거부하면 홈스쿨링 등으로 대치할 수 있는 것이 대한민국인데, 유독 전공의에게는 이러한 자유가 너무 척박하다. 환자의 권리 앞에 의사는 의무만 충실해야 하고 의사 이전에 인권은 어디로 갔는지 모르겠다. 현재 세계 최고의 의료를 전 국민이 누리게 해준 것이 바로 전공의였는데, 전공의의 희생은 아무도 모른척하고 당장 자신의 병만 고치라고 젊은 의사들에게 호통치는 것이다.

전공의들의 권리는 모르겠고 당장 환자인 불쌍한 나의 병을 고치지 않으면 히포크라테스의 선서 따위는 개나 줘버린 나쁜 의사가 되는 것이다.

네 번째, 입법 권력은 위임할 수 없다. 국민은 입법부를 신뢰하고 대리인으로서 권력을 부여한 것이지, 입법부가 다시 다른 권력자에게 권한을 넘기도록 한 것이 아니다. 입법권이 다른 주체에게 넘어갈 경우, 국민의 의사가 왜곡될 위험이 있다. 이는 민주적 정당성의 원칙에 어긋나는 것이다. 그래서 정말 정교하게 입법이 되어야 한다. 구체적인 내용 없이 추상적인 법을 만들면, 결국에는 입법 권력을 위임하는 것이다. 우리나라의 상당수의 법은 구체적인 사안을 언급할 때, '대통령령으로 정한다.'라는 문구를 많이 쓴다. 이것은 자신의 권력을 행정부로 위임하는 것이다. 이렇게 위임된 문구로 인하여 행정부는 상당히 많은 권력과 융통성을 갖게 된다.

해석의 여지를 남기는 법 또한 입법 권력의 위임이다. 법을 많이 제정하는 것이 중요한 것이 아니라 제대로 정확하게 제정하는 것이 중요한데, 우리나라는 어느 순간부터 법을 너무 많이 발의하기 시작했다. 어떤 시민 단체가 국정 활동의 기준을 법안 발의 숫자로 평가하면서 너도나도 법안 발의하는 개수만 중요하게 여긴다. 그래서 법의 구체성이나 정확성은 생각하지 않고 많이 만들어내는데 바쁘다. 정작 갈등이 일어날 만한 부분은 모두 '대통령령으로 정한다'라는 문구를 집어넣어서 갈등을 회피하고, 법적 갈등이 일어날 부분은 모두 애매하게 기술해서 결국에는 대법원 판례로서 확정하게 만든다. 이렇게 갈등의 여지와 애매모호한 기술로 인하여 법은 갈등을 부추기는 도구가 되었고, 쏟아져나오는 변호사들의 먹거리로 전락하고 말았다.

행정부와 사법부에 입법 권력을 위임한 것이 되어 버린 우리나라의 법으로 인해서 시간이 지날수록 국민은 사법 리스크를 장착하고 살게 되는 것이다.

국민의 사유재산을 지키기 위해서 만들어진 입법부가 국민의 사유재산을 지킬 수 없도록 법을 만들어서 국민은 변호사 비용으로, 각종 리스크를 감당하는 비용으로 사유재산을 고갈시키고 있다.

2024년 4월 10일 총선은 식물정부가 되는 역사적인 사건이 되었다. 그것은 의사가 지지해 주어 집권한 정부가 의사들을 버린 결과 탄핵저지선을 간신히 지켜낸 엉망진창 선거가 되었다.

국민의 지지 속에서 탄생한 윤석열 정부는 입법권을 쥐어야 하는 중요한 국회의원 선거를 망침으로 인해서 정책을 실행할 수 없는 무능한 정부가 되고 말았다. 이런 정부에 대해서 국민은 '레임덕'을 넘어 '데드덕'이 되었다고 비아냥거렸다. 윤석열 정부는 최단기간 만에 지지율 30%가 무너진 정부가 되었고, 남은 3년 동안 아무것도 할 수 없는 '식물정부'를 끌고 가야 하는 운명을 받아들여야 했다.

　　　　—그놈의 히포크라테스, 사명감은 개나 줘버려라!
에드먼드 버크의 『보편적 인간성』 : 의사의 삶도 힘들고 어려운 삶이다

누구나 삶은 다 힘들고 어렵다. 이것을 철학적으로 이야기하자면 '보편적 인간성'이다. 인간의 인생은 힘들고 어려운 삶이라는 것이다. 18세기의 영국의 철학자 에드먼드 버크는 보편적 인간성에 기반을 두고 정치철학을 전개한다. 보편적 인간성을 처음 주장한 것은 새뮤얼 존슨이지만, 이 개념을 통치의 개념으로 확장한 것은 에드먼드 버크의 힘이 크다.

　보편적인 인간성을 인정하면, 자기의 삶에 연민에 빠지는 오류를 범하지 않는다. 인간은 한계를 가지고 있는 존재이기 때문에 어떤 위치에 있든지 그 위치에서 삶의 어려움은 늘 존재하기 마련이다. 대통령과 노숙자가 가진 고민은 내용이 다를 수는 있어도 각자의 위치에서 삶이란 늘 어렵고 힘들다. 이것이 보편적 인간성이다. 그래서 보편적 인간성을 인정할 때, 우리는 우리의 삶을 좀 더 주도적으로 살 수 있으며, 자신이 그 어렵고 힘든 삶에서 더 잘살게 되면 다른 사람의 삶에 대해서 측은한 마음을 가지고 돌아볼 여유가 생긴다. 그러나 보편적인 인간성을 이해하지 못하면, 나만 특별하게 여기게 된다. 나만 제일 힘들고 억울하고 그 억울함을 해결하는 것이 정의가 된다. 그래서 나의 슬픔이 무엇이든 요구할 수 있는 권력이 되고 나의 슬픔을 건드리는 사람은 피도 눈물도 없는 냉혈한 사람이 되어 버린다. 그러한 슬픔이 집단화되면 사회를 정체하게 만든다. 한국사회가 최근에 경험했던 집단 슬픔이 2가지가 있는데, 세월호 사건과 이태원 참사이다. 젊은 사람들의 목숨이 아깝게 죽은 것은 너무 슬픈 일이다. 내 가족이 나의 사랑하는 사람이 사고로 죽게 되면 감정이 폭발

하게 마련이고 그 감정이 심해지면 나를 집어삼킬 수도 있다. 그래서 재난을 당한 사람들을 도우려는 손길은 늘 존재하고 그 따뜻함으로 슬픔을 딛고 다시 삶으로 돌아올 수 있는 것이다. 그런데 그 아픔과 슬픈 감정을 자꾸 건드리게 되면, 우리는 일상으로 돌아갈 수 없게 된다. 그래서 일상으로 돌아가지 못하는 많은 사람이 자신이 가진 슬픔을 다른 사람의 탓으로 돌리게 되고, 그 분노가 사회의 곳곳에서 질서를 무너뜨리는 방향을 가지고 나타나게 된다. 인간은 태어나면 반드시 죽게 되어 있다. 이것은 삶의 난이도와 상관없이 인간에게 주어진 크나큰 슬픔이기도 하다. 그래서 죽음을 맞이하는 것은 누구에게나 어려운 일이고 죽음 이후에 무엇이 있는지 아무도 알 수 없으므로 삶에서 죽음으로 헤어지는 것보다 슬픈 일은 존재하지 않는다. 그래서 죽음이 문턱에 왔을 때, 어떻게 하든 살아남으려고 하는 인간의 생존본능은 대형사고 속에서 기적적으로 나타나고, 우리는 그 기적을 보면서 손뼉을 치고 아직 살만한 세상이라는 생각을 갖게 된다.

사고든지 병이든지 그 죽음을 맞이하여, 최전선에서 분투하는 사람들을 우리는 의사라고 부르고 특히 생명과 직접적인 관련이 있는 의사들에게 일반인들은 필수과 의사라고 부른다. 우리나라는 1950년대 전쟁 이후 가난하게 살면서 의료 혜택을 누리기 힘들었다. 그래서 의사가 사람을 살리는 것을 보면, 너무 감사했고 살 수 있는 것에 고마움을 표현해 왔다. 그래서 의사가 되는 것은 돈도 돈이지만, 보편적인 사람들의 존경과 감사를 통해 명예로운 직업으로 대우받아 왔었다.

의료행위는 환자로 하여금 병이 있는 상태에서 원래 건강한 상태로 되돌리는 것이 목적이고 그 핵심은 환자의 회복 능력이다. 그런데, 환자의 회복 능력은 젊으면 젊을수록 빨라지고 다시 건강한 상태가 될 확률이 높다. 늙으면 회복 기간도 느려지고 건강한 상태가 될 확률도 떨어지게 마련이다.

의학이 발달하면서, 예전에는 불치병이었던 영역을 하나씩 정복해 나가며 평균수명은 늘어나고 있다. 예전에는 60세만 넘어도 '환갑 잔치'를 했지만, 요즘 사회에서는 80세를 넘겨도 특별한 잔치를 하지 않는다. 그만큼 오래 사는 것이 보편화되면서, 인간은 점점 영생에 대한 욕심을 가져가는 것 같다. 기본적으로 100세 시대를 운운하고, 마치 120~130년까지도 살 수 있을 것 같은 착각을 하게 된다. 하지만, 대부분의 인간은 70~80세가 되면 자신의 기능이 점점 상실되는 것을 느끼게 된다. 100~120세를 산다고 하더라도 젊은 사람이 사는 듯이 살 수 없음을 받아들이게 마련이다. 반드시 사람은 죽을 수밖에 없다. 대부분 죽기 직전에 어디로 향하는가? 병원으로 향한다. 그래서 병원에서 죽는 사람이 많다.

그런데, 병원에서 죽는 사람마다 책임을 져야 한다면, 그 범위는 어디까지일까? 죽음은 슬픈 일이지만, 의사가 어디까지 책임을 져야 할 것인가? 그 죽음의 책임을 의사에게 넘긴다면, 의사는 그 책임을 어떻게 감당할 수 있을까? 하지만, 2024년 대한민국은 내가 가져가야 할 '보편적 인간성'을 의사의 탓으로 돌리는 사회가 되어 버렸다.

사법적으로는 문제가 없지만, 민사상으로는 책임을 지라는 판결이 난무하고, 전문적인 판단에 대해서 비전문가가 판결을 내리게 되는 사법 시스템이 되어 버렸다. 산부인과의 경우 고위험 임산부를 맡는다는 것이 상당한 부담이 되어 버렸다. 고위험 산모를 맡아서 출산까지 도와주었으나, 결과가 좋지 않다는 이유로 10~15억에 이르는 고액배상 판결이 나오는 현실에서 누가 산부인과를 하려고 하겠는가?

산부인과 의사 1,000명당 5명이 자살을 한다. 우리나라 자살 비율이 인구 1,000명당 0.3명으로 세계 1위인 것을 볼 때, 20배에 가까운 숫자이다. 왜 생명을 탄생시켜야 하는 의사들이 자신의 생명도 지키지 못하는 나라가 되었을까? 그것은 타인에 대한 '보편적 인간성'에 대한 이해의 부족이다. 내가 고위험군이었다는 사실, 그리고 자녀를 잃었다는 사실, 그 사실 앞에서 다른 사람의 삶의 어려움에 대해서는 인정하지 않는 현실 때문이라고 생각한다. 의사가 최선을 다했으나 살릴 수 없는 순간은 온다. 왜냐하면 의료에서 가장 중요한 것은 환자의 회복력이기 때문이다.

생명을 잃거나 불구가 되는 것은 슬픈 일이지만, 고의성이 높은 사고가 아니라면 어느 누구도 자신의 판단으로 100% 치료가 가능하다고 생각하지 않는다. 특히 경력이 길어지고 다양한 경험이 많을수록 더 신중하고 신중할 수밖에 없다. '벼가 익을수록 고개를 숙인다'라는 말은 의료계에서는 더 공감하는 말이기도 하다.

히포크라테스의 선서

전공의들이 자리를 떠나자, 의료에 대해서 아무것도 모르는 사람들은 '히포크라테스의 선서' 따위를 이야기하면서 "어떻게 의사가 환자를 떠날 수 있냐?"라고 함부로 이야기한다. 이것은 의사들에게 "왜 너희들은 사명감이 없냐?"라는 식의 발언이기도 하다. 이러한 이야기를 들을 때마다, 우리는 과연 사명감이라는 것이 무엇인지 알고 남에게 강요하는 것인지를 생각하게 된다.

사전적으로 사명감의 정의를 찾아보면 '주어진 임무를 잘 수행하려는 마음가짐'이라고 한다. 영어로 번역하면 'Sense of Duty', 또는 'Sense of Mission'이라고 쓴다. Sense of ~ 이라고 하는 것을 한국어로 번역하면 '~ 감각'이다. 'Sense of Humor'라고 쓰면 '유머 감각'으로 해석하면 알 수 있다. 그래서, Sense of Duty를 우리나라로 번역하면 '의무감' 또는 '책임감'으로 번역할 수 있겠다. 그렇다면 우리가 생각하는 '사명감'에서는 거리가 생긴다. 그래서 '사명'이라고 할 수 있는 "Mission"이라는 단어가 더 우리가 '사명감'을 이해하는 데 더 도움을 줄 수 있을 것이다. '주어진 임무'라는 단어는 'Sense Of Mission'이라는 단어로 접근해야 한다.

'Sense of Humor'를 '유머 감각'이라고 해석하듯 'Sense Of Mission'도 '사명 감각'이라고 해석한다면, 우리는 사명감에 대해서 이해가 쉬워질 것이다. 유머 감각을 가진 사람은 상황에 따라서 유머를 적절하게 잘 구사하여 분위기를 띄우지만, 유머 감각이 부족한 사람은 때와 장소에 맞지 않는 유머를 구사해서 분위기를 처지게 만든다. 사명 감각도 마찬가지이다. 사명 감각을 가진 사람은 사명을 실행해야 할 때와 실행하지 않을 때를 잘 파악하여 사명을 잘 수행하도록 만든다. 하지만 사명 감각이 없는 사람은 어떨 때 사명감을 가지고 어떨 때 갖지 말아야 하는지를 잘 몰라서 사명을 잘 수행할 수 없는 상태가 된다.

사명─주어진 임무

사명이라는 것은 '주어진 임무', 즉 '맡겨진 임무'이다. 그렇다면 의사의 사명은 무엇일까? 병든 환자를 잘 진단하고, 치료하는 것이 의사의 사명이다. 여기에서 치료라는 것은 어떤 드라마에 나오는 '살린다. 반드시 살린다.'와 같은 낭만적인 것이 아니라, 병든 환자가 건강한 상태가 되는 데 방해가 되는 요인들을 제거해 주고, 스스로 회복하도록 환경을 만들어 주는 것이다. 이 포인트를 놓치게 되면 환자의 생명을 가지고 무리한 도박을 하게 된다. 현실은 드라마랑 다르다. 의사는 생각하는 대로 모든 병을 치료하는 신이 아니다. 의술은 환자의 회복능력이 극대화되도록 돕는 역할을 하는 것이지 무조건 낫게 하는 것이 아니다.

수술로 종양을 제거하거나, 부러진 곳을 바로잡는 것은 의사가 할 수 있지만, 궁극적으로 종양이 완전히 없어지거나 부러진 뼈가 붙는 것은 결국 환자의 회복능력에 의해서 이루어지는 것이다. 그래서 의사는 최선을 다하고도 완치를 확신할 수 없다. 약을 처방하는 것도 내분비 물질이나 신경계 작용의 방해물을 없애고 부족한 것을 보충해 주는 것이지, 근본적인 치료가 되는 것은 환자의 회복능력에 달려있다. 그래서 같은 처방이어도 환자의 상태가 모두 다르기 때문에 의사가 지속적으로 관찰하고 환자의 상태에 따라서 처방을 바꾸어서 환자가 회복될 확률을 높이는 것이다. 애당초 환자에게 회복능력이 존재하지 않는다면, 의사의 의료행위는 무의미하다.

이런 원리들을 모르는 일반인들은 마치 의사가 치료하지 못하면, 돌팔이로 몰아가고 사람이 치료받다가 죽으면, 의사의 책임으로 돌린다. 심지어 판사들은 의사에게 특별한 실수가 없었어도, 불가항력적인 상황에 놓였어도 의사의 책임이라는 이유로 의사들에게 무거운 사명감을 요구하는 판결을 내리곤 했다.

주어진 사명이 '환자를 진단하고 치료하는 것'이라고 한다면, '잘 수행하려는'은 환자를 진단하고 치료하는 것을 잘 해내는 것을 의미한다.

일을 잘 수행하기 위해 가장 우선적인 것은 '전문적인 지식'이다. 어떤 지식이 전문성을 띠기 위해서는 그 지식은 대부분의 사람은 이해하기 힘든 것이며 소수의 사람만이 이해할 수 있는 지식이다. 그것을 우리는 지식의 희소성이라고 한다. 우리가 전문가에게 면허를 발급하는 이유는 아무나 그것을 하게 되면 위험하거나 제대로 기능을 할 수 없기 때문이다. 그런 일이 안전하고 제 기능을 발휘하게 하려고 숙달된 기술이나 전문적인 지식을 가진 사람들에게 면허증을 발급하게 된다.

면허증 중에 우리가 가장 쉽게 접하는 것이 운전면허이다. 운전하는 것에 숙달되지 못하고 지식이 없으면 미숙하거나 교통법규를 무시하여 사고를 내게 된다. 그래서 국가에서는 일정 수준 이상이 되는 사람들이 국가의 시험을 통과하게 되면 면허증을 부여하여 그 전문성을 인정해 준다. 또 그 면허증을 가지고 제대로 임무를 해내지 못하거나 중대한 결함이 있을 때 그 면허를 정지하거나 박탈한다.

사람의 생명을 직접 다루는 의술의 경우에는 요구하는 전문성의 정도가 상당이 높다. 왜냐하면 작은 실수 하나가 생명에는 치명적일 수 있기 때문이다. 그래서 아무나 진료를 하지 못하도록 법이 제정되어 있으며, 기술과 지식의 희소성을 갖는 사람들에게 전문가로서 인정해 주는 면허를 주는 것이다. 그래서 전문성이 강할수록 희소성을 보장해 줌으로써 전문성을 갖기 위해 노력한 시간과 수고에 대한 대가를 보전해 주어야 한다.

이미 이 나라에는 의사가 너무 많다. 의사라는 면허만으로는 부족해서 전문의라는 자격까지 획득해야 의사로서 전문성을 인정해 주는 나라가 되었다. 그래서 대부분의 의과 졸업생은 의사면허를 취득한 후에 누가 뭐라 하지 않아도 당연히 인턴에 지원하여 수련의과정을 걷는 것이 루틴한 과정이 되어버렸다.

이렇게 희소성이란 부분에서 이미 의대 증원이라는 것은 명분을 잃었다. 매년 3,000명씩 배출되는 의사들이 갑자기 5,000명씩 배출된다면 그나마 희미하게 남아있던 희소성을 완전히 잃어버리게 되는 것이다. 더군다나 1970년대에는 100만 명씩 태어나던 출생아가 2020년에 20만 명 수준으로 1/5토막이 났다. 이러한 상황에서 의사를 2배 가까이 늘린다는 정부의 정책은 시간과 노력으로 전문성을 만들어 온 의사들의 정체성을 부정하는 것이었다. "어떻게 의사가 환자를 떠날 수 있냐?"라고 묻기 전에 부정당한 의사의 정체성을 찾아주어야 한다.

2019년에 코로나19로 인한 팬데믹의 시작으로부터, 2022년에 엔데믹까지 의사들은 밤낮 가리지 않고 팬데믹에 대항하며 자리를 지켰다. 그러나 2024년 의료개혁이라는 이름으로 의사를 악마화하는 국민을 보면서, 의사들은 무슨 생각을 했을까? 그들에게 사명을 요구할 만큼 우리는 감사하고 있었는가? 의사들을 밥그릇만 챙기는 거대한 카르텔 세력이라고 이야기하는 대통령의 담화문을 보면서 차라리 만우절의 거짓말이기를 바랐던 것은 필자가 느끼는 오버된 감정이었을까?

어떤 일을 나만 할 수 있다는 희소성이 내가 하는 일에 대한 자부심을 가져온다. 그것이 바로 전문가로서 긍지라고 할 수 있다. 이것은 일을 잘하는 조건이기도 하지만, 내가 사명을 가지게 하는 동력이기도 하다.

전문가로서 실력을 갖추기 위해서 일을 하면 많은 시간을 투자하게 된다. 시간을 투자한다는 것은 모든 애정의 조건이기도 하다. 사람도 오랫동안 같이 있다 보면 호감이 생기고 그 호감이 좀 더 발전하게 되면 애정이 되는 것처럼, 일을 하면 일이 삶에 일부가 되고 그 삶의 일부가 경력으로 남게 된다. 그리고 그 삶이 나의 삶이기 때문에 나는 그 일을 사랑할 수밖에 없다.

의대 6년, 수련의 5년(인턴+레지던트)이 지나면 11년이 지나고 유급을 1~2회 하고 군의관이나 공보의로 군 생활까지 하고 나면, 여성은 13년, 남성은 17년 동안 의사라는 직업을 접하게 된다. 이렇게 오랫동안 일을 하면 일을 사랑하지 않을 수가 없다.

또한, 전문의가 되고 나서 기대가 되는 보상은 일을 더욱 사랑하게 만드는 요인이 된다.

전공의 동안 80~100시간을 최저시급으로 버텼던 것도 자기 일을 사랑하고 자신의 직업에 대한 자부심을 가짐으로 인해 가능했다.

요약하자면, 전문성, 투자한 시간, 그리고 기대되는 보상이 그동안 의사라는 직업에 대한 자부심을 갖도록 해주었다. 게다가 타인도 인정해 주기 때문에 그 자부심은 배가 되었다.

그런데, 정부의 주도하에 만들어진 '의사 악마화'에 국민이 동조하였다. 자신의 전문성과 투자된 시간을 부정당한 의사들은 무슨 마음가짐을 가져야 하는가? 이제 의사라는 직업에 남은 마음가짐은 보상뿐이다. 그러나, 아직도 의료를 모르는 대다수의 사람은 '히포크라테스의 선서'라든지 '환자 곁으로 돌아오라.'라며 의사들에게 사명감이 없다는 식의 비난을 하고 있다. 자신의 정체성이 부정당하고 살아온 시간을 부정당하는 사람들에게 무슨 사명감을 원하는지 모르겠다.

사명감은 마음가짐이다. 눈에 보이는 보상과 보이지 않는 가치가 마음가짐을 만드는 것이다. 보상이 많지 않아도 보이지 않는 가치가 주는 것이 크다면 그 직업에 대한 사명감이 커질 수 있다. 보이지 않는 가치가 크지 않아도 보상이 많다면 그 직업에 대한 사명감이 커질 수도 있다. 그런데 의사라는 직업은 보상도 적지 않고 보이지 않는 가치도 큰 편이었다. 사람의 생명이 회복되는 현장은 그 어떤 보람을 능가하는 보이지 않는 가치를 제공하기에 충분했다. 회복된 환자가 함께 해준 의사 선생님에게 전하는 감사 인사는 보상을 떠나 의사라는 직업에 대한 마음가짐을 늘 새롭게 만드는 원천이었다.

하지만 보이지 않는 보상들이 제거되고 의사를 악마화하면 할수록 의사들에게 기대할 수 있는 마음가짐은 오로지 보상밖에 없게 되는 것이다.

사명감을 강요하는 사람—자신은 사명감이 있는가?

마음가짐은 개인의 마음속에서 일어나는 것이지, 누군가에게 강요할 수 없는 것이다. 서비스업에서 전해 내려오는 사명감으로는 '손님은 왕'이라는 말이 있다. 이것은 서비스하는 사람이 손님은 왕이라고 생각하고 자신의 일을 하는 것이지, 손님이 '나는 왕이로소이다.'라고 하면서 서비스 제공자에게 사명감을 요구할 수는 없는 것이다. '손님은 왕'이라는 것은 서비스하는 사람이 사명감으로 삼으면서 성공하는 요인 중의 하나인 것이지, 손님을 왕으로 여기는 것이 의무는 아니라는 것이다. 손님은 돈을 지급하고 서비스를 이용하는 것이다. 돈을 주고 만족한 서비스를 받지 못하면 다음에는 이용하지 않으면 된다. 그게 시장의 역할이고 그런 과정 중에 합리적인 가격이 책정된다. 손님이 만 원을 지급하면 만원에 합당한 서비스를 받는 것이다. 그것이 손님의 사명감이다. 만 원을 지급하고 왕의 대접을 받으려고 하는 것은 손님으로서의 사명감이 아니다.

손님이 만 원을 지급하고 천만 원의 서비스를 받으려고 하면, 공급자는 그 서비스를 중단하는 것이 사명감이다. 999만 원을 손해 보고 천만 원의 서비스를 하는 것이 사명감이 아니다. 그런데 이러한 단순한 진리는 왜 의사에게는 적용되지 않을까?

환자를 진료하면 원가의 70%를 벌어들이는데 환자는 자기 부담금의 100배의 서비스를 받으려고 하는 이 상황에서 의사는 손해를 보고 그 자리에 앉아 있어야 사명감을 다하는 것일까? 자신의 손해를 감수하면서도 자선사업 하는 것이 의사의 사명감인가? 누가 의사에게 사명감을 요구할 수 있는가? 사명감은 스스로 느끼는 것이다. 의사에게 사명감을 요구하는 사람들은 자신의 사명감은 잘 감당하고 있는 사람인가? 내가 사명감이 있는 사람은 다른 사람의 사명감에 신경 쓸 여유가 없다. '손님은 왕'으로 여기는 사람은 다른 사람의 사명감 따위에는 신경 쓸 여유가 없다. 내가 나를 일에 몰두하도록 만드는 것이 사명감이다. 맛있는 국수를 만드는 것이 사명감인 사람은 다른 사람이 만두를 맛있게 만들든지, 떡볶이를 맛있게 만들든지 말든지 관심이 없다. 내가 맛있는 국수를 만드는 것에 몰두하기에도 내 삶은 바쁘다. 사명감이 있는 사람은 자신의 사명감을 감당하기도 버겁다. 따라서 내 직업이 아닌 부분에서 사명감 타령을 하는 사람치고 정작 본인이 사명감이 있는 사람임을 찾는 것은 거의 불가능에 가깝다.

특히 의사들에게 환자 곁으로 돌아오라고 사명감을 외치는 보건복지부와 교육부는 정작 본인의 사명은 무엇인지, 국민에게 설명할 수 있는가? 그들은 정말 자신의 사명감은 다 달성하고도 남아서 의사들에게 사명감을 외치는 여유인가?

자신의 사명감은 뒤로하고, 다른 사람의 사명감에 대해서 비난하는 사람들로 이루어진 사회는 앞날이 밝지 않다.

2. 교각살우

─의료개혁이 가져온 의료 붕괴

한 농부가 뿔이 조금 삐뚤어져 있어서 바로잡으려 팽팽히 뿔을 동여매었다. 그러다가 뿔 전체가 빠지는 바람에 소가 죽었다는 이야기가 교각살우矯角殺牛의 유래이다. 결점缺點이나 흠을 고치려다 수단手段이 지나쳐 도리어 일을 그르치는 경우를 의미할 때 흔히 쓰는 고사성어이다.

1   ─개선, 개혁, 혁명의 차이

눈이 두 개이고 코는 하나이고 입은 하나지만, 사람의 얼굴은 완전히 대

칭을 이루지 않는다. 습관과 환경 그리고 살다 보면 좌우의 완벽한 대칭은 없다. 그게 더 자연스러운 경우가 많다. 하지만, 인간의 뇌 속에서는 또 탁상행정에서는 완벽할 수 없는 곳에서 완벽함을 추구하는 경우가 있다. 모든 정책과 제도 또한 마찬가지이다. 그래서 어떤 제도든지 간에 늘 부족한 부분은 발견되기 마련이다. 그래서 처음에 어떻게 시작이 되었든지, 그 제도를 수정하면서 개선할 수는 있다. 개선의 밑바탕은 지금의 시스템을 인정하되, 부족한 부분을 고쳐가는 것을 말한다. 그래서 당장 시스템의 큰 문제가 없다면, 시스템을 유지하는 상태에서 부분적 수정을 택하면서 시스템은 발전한다. 그래서 환경의 급격한 변화가 없다면 수십 년간 개선되어 온 시스템을 이길 수 있는 새로운 무엇인가는 존재하지 않는다.

시스템에 큰 문제가 발생하여 총체적인 문제가 일어나게 되면, 더 이상 지금의 시스템이 돌아가지 않게 된다. 더 이상 지금의 시스템으로는 아무런 문제를 해결할 수 없을 때, 해야 하는 것이 시스템의 개혁이다. 시스템의 체제 자체를 바꾸는 것을 개혁이라고 한다. 개선이 잘 돌아가는 시스템을 더 잘 돌아가도록 하는 개념이라면, 개혁은 안 돌아가는 시스템을 근본적으로 뜯어고치는 것이다.

기존의 시스템을 부정하는 데에 개혁과 혁명이 있는데, 개혁은 뼈대는 남기고 부수적인 것을 뜯어고치는 시스템의 수정이라면, 혁명은 시스템을 부정하여 남김없이 무너뜨린 후에 새로 만드는 것을 혁명이라고 한다. 개혁이라는 단어에 대해서 인식하지 못하는 사람은 개선을 두고도 개혁이라는 언어를 쓰며, 혁명을 하면서도 개혁이라는 언어를 쓰게 된다.

개혁과 개선은 현재의 시스템을 긍정으로 보는가 부정으로 보는가에 대한 명확한 시각 차이가 있는 것에서 시작되어야 한다. 만약에 환경이 변화되어서 그동안의 성공적인 패턴물이 안 먹힌다면, 시스템을 갈아엎는 것을 생각해 볼 수 있다. 하지만, 환경의 변화도 없고 시스템에 문제가 없다면, 개선은 늘 개혁과 혁명보다 뛰어난 성과를 가져온다. 왜냐하면 시스템이라는 것은 성공적인 패턴을 반복하여 루틴하게 만들어낸 결과물이기 때문이다. 시스템은 개선이라는 것을 통하여 반복적인 성공이 전수되면서 진화하기 시작한다. 그래서 개선된 시스템은 반드시 추종자를 만들기 마련이고 다른 곳에서도 도입하기를 원하게 되는 것이다.

　한국의 의료는 변화하는 세계의 환경과 정치인들의 표를 얻기 위한 야망으로 인한 핍박 속에서도 젊은 의사들의 희생을 통해서 개선되었다. 그결과, 한국은 세계의 많은 나라에서 부러워하는 세계 최고의 의료시스템을 갖게 되었다.

2　　　　　　　　　　　　　—세계 최고의 의료시스템이
　　　　　　　　　　　　　　　　개혁의 대상인가?

OECD의 의료시스템은 두 가지가 있다. 하나는 미국식 민영화 시스템이고, 또 하나는 영국식 공공의료 시스템이다. 이 두 가지는 명확한 장점과 단점이 존재하지만, 단점이 국민에게는 너무나 크리티컬하다. 하지만, 우리나라의 의료시스템은 미국의 민영화 시스템과 영국식의 공공의료 시스템을 너무나 절묘하게 잘 섞어 놓았다는 평가를 받고 있다. 미국이나 유럽에 단기로 여행 가는 사람들은 잘 알지 못하지만, 일정 기간 이상 체류했던 사람들이 하나같이 이야기하는 것이 우리나라 의료시스템의 탁월성이다.

언제 어디에서나 무슨 일이 생기면 수준 높은 의료시스템을 이용하면서도 지불하는 가격은 상대적으로 낮은 가성비 높은 진료를 받을 수 있는 세계 최고의 의료시스템이 대한민국의 의료이다. 재외 교포들이 비싸지 않고 질 높은 우리나라 의료서비스를 받으려고 귀국하고 있다. 최근 증가하는 역이민의 가장 큰 이유도 의료이다. 이런 것만 봐도 지난 수십 년간 우리가 선진국들조차 부러워하는 최상의 의료서비스를 누려왔다는 사실을 알 수 있다.

우리나라 의사들이 OECD의 평균보다 낮을 수 있지만, 환자인 국민이 의사 진료를 받는 횟수는 OECD 국가 평균의 2.5배, 원하면 24시간 이내에 의사의 진료를 받을 수 있는 비율이 99%에 달한다.

이러한 의료서비스를 가장 부러워했던 나라가 미국이었다. '오바마 케어'를 추진했던 버락 오바마 전 미국 대통령이 연설에서 한국의 건강보험 제도를 극찬할 정도로 세계적인 명성을 가진 제도이기도 하다.

중국인들은 이 의료시스템을 받기 위해 우리나라의 건강보험 허점을 노리고 건강보험 피부양자 자격 취득 요건을 맞추려고 한다. 2024년 10월 8일 국정감사에서 국민건강보험 공단으로부터 제출받은 '최근 5년간 국가별 건강보험 외국인 가입자 현황'에 따르면, 2024년 8월 기준으로 국내 중국인 건보 가입자 수는 67만 6,617명이며, 국내 중국인의 건보 피부양자는 10만 9,414명에 달하는 것으로 집계되었다.

자본주의와 사회주의를 막론하고, 우리나라의 의료시스템을 부러워하는 것은 우리나라 의사들의 희생에 있다고 본다. 미국보다 월등히 저렴한 의료수가를 받으면서도, 세계의 어느 누구보다도 많은 환자를 보는 소위 '박리다매' 서비스로 봉사에 가까운 수고를 해왔기 때문이다.

그런데 이런 희생 속에서 버는 돈조차도 많이 버는 돈이라고 하면서, 이런 의료시스템을 개혁한다고 이야기하는 것이다. 우리나라 의료시스템에서 혜택을 보는 것은 의사인가 환자인가를 논한다면, 필자는 당연히 환자라고 생각한다.

그런데 이 필수의료 패키지라는 의료개혁은 혜택을 보는 환자에게 더 혜택을 주기 위해서 지금의 의사들에게 더 많은 희생을 하도록 요구한다. 이미 여러 차례 개혁인지 뭔지를 통하여 의료의 구조는 다 망가져 왔고 그나마 붙어있는 의료시스템 속에서 의사로서 보람을 느끼며 살아왔던 의사에게는 더 이상 물러날 수 없는 마지노선을 정부가 건드려버린 것이다.

앞서 이야기한 것처럼 더 이상 미래가 없는 전공의들은 종합병원에서 전문의가 되기 위해 남아있어야 할 이유가 없어졌다. 그래서 너나 할 것 없이 모두 사표를 쓰게 되었고 전공의가 없어진 종합병원은 그동안 가지고 있던 모든 문제점이 노출되어 버렸다.

세계가 부러워했던 한국 의료는 개선을 통해서 더 발전시켰어야 했다. 하지만 이렇게 세계가 극찬하는 한국의 의료는 정치인들이 표를 얻기 위한 수단으로서 '개혁'의 대상이 되어 버렸다. 의료시스템의 탁월성을 부정하는 정치인과 관료들은 90억을 홍보비로 써가면서, 의사들을 악마화하는 마케팅을 하였고, 코로나 때는 그렇게 '고맙다'라고 외쳤던 국민은 그동안의 고마움은 잊어버리고 의사를 악마화하는 데 동조하였다. 그리고 의사들은 환자 곁을 지키지 않는 집단으로 취급하였으면서 걸핏하면 히포크라테스의 선서를 운운하며 인민 재판을 하였고, 세계 최고의 시스템을 부정하는 데 앞장서기 시작했다.

—의료개혁으로 잃어버린 것들
: 의료 포비아

전공의 선생님들이 떠나면서 한국의 의료는 그동안 어떤 사람들 덕분에 발전했었는지 너무 잘 보여주었다. 1만여 명의 전공의들이 상급종합병원을 떠나자, 상급종합병원의 업무는 마비되었다. 그러자, 정부는 상급종합병원을 전공의 없는 전문의 중심 병원으로 전환하겠다고 했다. 18개의 상급종합병원을 '중증 중심 진료체계'로 구조 전환하여 중증·응급·희귀질환 중심의 중환자 중심병원으로 거듭나도록 지원한다는 내용이었다. 그러나 정부의 야심 찬 계획에도 불구하고 현장의 의료시스템은 무너져버렸다. 그리고 시간이 지날수록 다시 복구가 불가능한 방향으로 진행되고 있다.

전공의 공백의 값어치

전공의와 교수는 One-Team이 되어 진단부터 치료까지 한 몸처럼 일한다. 전공의는 One-Team 안에서 자신의 임무를 수행하면서, 의사로서 역할을 다하고 수련의로서 경험을 쌓는다. 교수가 머리라면 전공의는 손과 발이 되어 교수 한 명의 고도화된 지식을 최대한 많은 환자에게 제공하는 시스템을 만들어왔다. 그래서 고도화된 진료를 받으면서도 가격은 최소화하는 가성비 최고 수준의 의료서비스를 만들어왔다.

장기적으로는 교수 수준의 의료인력이 될 전공들은 꼭 돈이 아니어도 사회적인 존경이나 명예를 높은 가치로 여겼다. 그래서 전공의 시절의 값싼 임금을 '통과의례'로 생각했다. 노동자들이 초과근무 69시간을 하면 죽느니 사느니 할 때도, 주 88시간을 기본으로 많으면 100시간까지도 일할 수 있었다.

정부는 이러한 전공의들의 이상적인 생각을 무자비하게 짓밟았다. 의료개혁은 전공의들에게 "전공의 시간을 보내도, 명예와 존경은 불구하고, 사회적 비난을 받게 될 것이다."라는 메시지를 주기에 충분했다. 게다가 "사람을 살리는 일을 하는 너희들은 실력이 없어서 돈 버는 일은 할 수 없는 '낙수 의사'다."라는 낙인을 찍어버렸다.

전공의들은 자신들이 기대했던 미래를 빼앗겼고, 노력하고 배워야 하는 이유를 상실해 버렸다.

그들은 명분을 잃었지만, 각성하였다. 더 이상 헐값에 후려쳐진 노동력을 제공하기 위해 이전의 전공의로서 다시 병원으로 돌아오지 않을 것이다. 대통령의 무례한 개혁과 그에 동조한 89%의 국민은 그동안 전공의가 희생으로 치렀던 가치를 천문학적인 값으로 지급해야 한다.

그 시간은 바로 앞에 와있다. 손발을 잃은 교수들은 그동안에 하던 진료를 소화하기 힘들어졌다. 분업이 무너졌을 때, 생산성은 1/10, 1/100 수준으로 줄어든다. 정부의 실패한 개혁이 빨리 끝나기를 기대했던 교수들은 의료 공백을 최소화하기 위해서 오버타임을 자처하면서 그 자리를 지켜냈다. 그러나 현장을 무시한 정부가 돌을 맞으면서도 '뚜벅뚜벅' 가겠다고 선언하자, 몸과 마음이 지친 교수들도 더 이상 버티기 힘들어졌고 곳곳에서 교수들과 전문의들의 이탈이 이루어졌다.

수술─더 이상 가성비의 의료서비스는 없다

전공의들의 공백은 제일 먼저 외과 분야의 수술 축소 현상으로 나타났다. 외과 분야의 수술에서 전공의들의 역할은 상당히 중요했다. 이국종 교수 같은 사람이 수술을 집도하면 수술을 돕고, 수술이 끝나면 입원실에서 회복되는 상태를 관찰하고, 환자를 돌보면서 여러 가지 경험을 통해 자신의 전문영역을 배웠다. 교수가 다른 수술하는 도중에, 입원환자가 문제가 생겨도 전공의가 치료하고 대처해주기에 교수도 전공의들을 믿고, 다른 환자를 수술하면서 많은 환자를 볼 수가 있었다. 그러나 전공의가 떠난 지금은 수술한 교수나 의사가 환자를 하나하나 돌봐야 하기 때문에 계속해서 수술할 수가 없다. 사람이 동시에 두 공간에 존재할 수가 없다. 수술 중에 입원환자가 문제가 생길 때 대처가 불가능하니, 수술하는 것이 큰 리스크가 되어 버린다. 안 그래도 법적 문제로 많은 전문의들이 떠나가는 상황에서, 이전처럼 수술을 많이 할 수가 없다. 또 수술 후에 회복이 나빠진다면 그 한 사람에게 집중해야 하므로 다른 수술을 할 수가 없게 된다. 예전에는 분업화된 의료시스템으로 인해 전공의가 맡을 수 있는 환자들은 전공의에게 맡기고 교수는 수술에 집중할 수 있었지만, 모든 환자에 대해서 교수가 일일이 체크하고 확인해야 하는 시스템에서는 교수가 수술해야 하는 시간을 확보하는 것은 점점 더 불가능해지고 있다.

응급실 뺑뺑이─배후 진료를 이해 못 하니, 응급실을 욕한다

환자들에게 눈에 띄게 바뀐 현장 중 하나는 응급실이다. 외래처럼 환자들이 순서를 잘 기다리면서 치료받을 수가 없는 곳이고 환자가 동시다발적으로 발생하는 특수한 진료 공간에서 대학병원이 그 많은 환자를 감당할 수 있던 것은 전공의들이 있었기 때문이다

여러 전공의와 전문의들이 환자의 위험수위를 분류하고 그중 어려운 환자들은 전문의들이 집중해서 치료한다. 다른 환자들은 전공의들이 가능하다면 치료를 동시에 진행하기에 많은 환자 진료가 가능했지만, 전공의들이 없는 지금은 중증도 경증도 전문의들이 많이 감당하여야 한다. 환자 한 명을 치료하면 다른 환자를 동시에 보기가 어렵고 그러다 보면 대기시간이 길어지고 숨어있는 중증 환자들은 진료도 못 받고 사망하게 된다.

그럼, 환자들은 병원 문제로 소송을 걸고 그나마 치료하던 의사들도 관두게 되면 남은 이들도 도저히 감당이 안 되어 사직을 선택하게 된다. 결국 응급실 폐쇄나 응급실이 중간중간 문 닫는 황당한 일이 생기게 된다.

또, 응급실은 치료를 한 번에 끝내는 곳이 아니다. 응급한 상황에서 환자의 상태를 진단하고 필요한 치료를 선행한 후에 환자가 본원적인 치료를 할 수 있도록 관련된 전문의에게 배정하여 진단과 치료를 받게 하는 것이 응급실의 전문적인 영역이다. 따라서, 환자의 상태를 예견하여 응급처치 후에 진료받을 수 없는 상황이라면, 진료를 할 수 있는 다른 병원으로 보내는 것이 당연한 것이다.

그동안은 전공의들이 경증의 환자들을 맡아왔지만, 전공의들이 사직한 지금은 수술실이 공백뿐만 아니라 경증의 진료에도 많은 공백이 생기면서, 응급실에서도 감당할 수 있는 영역도 많이 축소되었다. 그 결과, 응급실 뺑뺑이는 더 심각해졌다. 응급실 뺑뺑이, 소아과 오픈런을 들먹이며 의사 악마화로 시작한 의료개혁이 환자의 생명을 위협하는 정책이 되고

말았다. 전공의의 공백으로 무너진 상급종합병원의 시스템으로 인해, 구급대원과 환자들은 자신들이 가야 할 병원을 스스로 찾아가야 하는 상황이 되었다. 이미 상급종합병원과 3차병원들은 급하게 해결해야 할 환자들로 꽉 차 있다. 예전에는 좀 더 좋은 서비스를 받을 수 있는 병원을 찾았었다. 예를 들면 응급치료 후에 본원적 치료를 받을 때, 집에서 가깝다든지, 다른 곳보다 더 전문적으로 다루는 병원이 있다면, 그런 쪽으로 선택할 수 있었다. 하지만 지금은 응급상황 자체를 해결할 수 있는 병원이라면 100km 200km 가 문제가 아니다. 무조건 비어 있는 곳이 있다는 것에 감사해야 하는 상황이 되었다.

환자에게 더욱 불행이 된 의료개혁

의료개혁으로 인하여 전공의들이 떠난 것은 앞에서 말한 대로 더 이상 대학병원에서 근무하는 것이 가치 없는 일이 되어버렸기 때문이다. 지금 떠난 전공의뿐만 아니라, 앞으로 전공의가 될 의사가 없다는 뜻이다(전공의는 의사면허를 딴 의사이다. 전문의를 따기 위해서 대학병원에서 근무와 수련하는 의사를 전공의라고 한다).

전공의가 없는 것은 미래의 전문의가 없다는 앞날의 문제이기도 하지만, 현재의 문제이기도 하다. 단순히 전공의가 있는 대학병원들만의 문제가 아니다. 우리나라의 의료전달체계는 거대한 그물 같은 시스템이다. 작은 병원들에서 환자를 진료하는 것은 이후에 대학병원들이 위중한 환자를 이어서 받아준다는 전제조건이 있기 때문에 가능하다. 1차병원의 의사들이 환자를 진단하여 중증도에 따라 치료 가능한 사람은 치료하지만, 치료가 불가능한 환자들은 2차병원이나 3차병원으로 맡길 수 있다. 예를 들어 암과 같은 병이 의심된다면 진단장비와 치료장비가 부족하더라도 2차병원이나 3차병원에 맡겨서 치료가 가능해지는 것이다. 그런데 최종치료가 가능한 3차병원이 제대로 돌아가지 않는 상태가 되어 버리면, 결국 환자는 진단받기도 전에 병을 키우는 결과를 가져오게 된다.

예전에는 1차병원에서 간단한 수술은 받을 수 있었다. 하지만, 지금은 3차병원에서도 수술받기 어렵게 되었다. 왜냐하면 수술 중에 일어날 수 있는 만에 하나의 경우까지도 병원이 책임져야 하기 때문이다. 수술 중에 예상치 못한 문제가 생기면, 다른 과에서 지원받아야 한다. 따라서 다양한 문제에 대비할 수 없는 병원에서는 작은 수술조차도 책임지지 않게 되었다. 이미 오래전부터 최종 치료가 되지 않는 응급실에서 환자를 수용했다는 이유만으로 유죄를 받은 판결이 난무했다. 그래서 최종 치료가 확보되지 않는 상황에서 섣불리 책임지는 행동을 하는 것은 패가망신의 지름길이다. 수술 중에 응급한 상황이 되어버렸을 때, 수습 가능한 상급병원으로 보낼 수도 없기 때문에, 환자를 받을 수가 없는 것이다. 이것이 응급실 뺑뺑이로 인해서 중증환자들이 겪어야 하는 불편함의 실체이다. 전공의가 돌아오지 않는 현실에서 이전만큼 인력을 투입할 수가 없다. 대학병원은 환자를 받아줄 수가 없고 작은 병원들은 보낼 수도 없는 지금, 이제는 어지간한 중증질환은 그냥 죽음을 받아들이게 될 것이다. 중증환자가 될 확률은 상당히 드물다. 하지만, 현재 중증환자가 된다면 겪어야 할 절망감은 당해보지 않으면 알 수 없다. 또한 이러한 사례들이 잘 보도되지도 않는다. 이러는 사이에 중증환자를 치료하는 지식과 기술은 명맥이 끊겨가고 있다. 아마도 2024년 2월의 의료시스템은 다시 회복되지 않을 수도 있다.

결국 '상급종합병원 구조 전환 사업'은 전문의들을 늘리겠다면서, 전공의들을 더 없애는 정책이다. 마치 낙태 수술하고는 자녀 낳기를 바라는 것과 똑같다. 전공의를 해야 전문의가 되는 건데 전공의가 없는데 전문의가 나올 수가 없다. 시스템의 몰이해가 그동안 '황금알을 낳았던 거위'인 '의료시스템'이라는 배를 가르게 된 것이다.

정부의 엉망진창인 의료개혁에 동의한 89%의 국민으로 인하여 앞으로의 세대는 가성비 높았던 세계 최고의 의료시스템을 누릴 수 있는 기회를 잃어버렸다. 의료의 질은 더욱더 떨어질 것이며, 국민이 부담해야 하는 의료비는 점점 오를 것이다. 의료의 질은 영국식 공공의료에 수렴할 것이며, 의료의 가격은 미국식 민영화에 수렴하는 최악의 결과를 가져올 것이다. 필자가 이렇게 느끼는 것은 2,000명을 외치는 무당이라서가 아니다. 의료에 조금 더 관심이 있어서이다. 아마 임상에서 일하는 의사들은 이미 이렇게 될 것을 알았을 것이다. 마치 롤러코스터 맨 앞에 앉아 있는 사람이 곧 추락할 것을 아는 것처럼. 머지않은 미래에 국민은 왜 떨어지는지도 모르면서 추락하는 의료시스템 안에서 공포만을 느끼게 될 것이다.

3. 세계사에 기록되고
   한국 역사에 길이 남을 청년의 저항

의료개혁을 통하여 지지율을 높이려고 했던 정부는 젊은 의사들의 사직으로 인하여 붕괴의 위기에 서게 되었다. 인력증원이라는 카드를 만지작거리면서 전문가의 영역을 붕괴시켰던 정부는 젊은 의사들의 저항에 당황하지 않을 수 없었다. 그동안의 문과 영역의 전문가들은 정부의 개혁앞에서 속수무책으로 굴복하였다. 왜냐하면, 대부분의 변호사는 공급자이지 소비자가 되기 힘들다. 정치를 하는 등 이중 직업을 갖지 않는 한, 직접 고소당할 일은 드물기 때문이다. 세무사, 회계사, 변리사, 노무사 등도 마찬가지이다. 자신이 하는 일에는 자신이 전문가이므로 다른 사람에게 도움을 받아서 비용까지 지급할 일이 거의 없다.

하지만, 의료는 다르다. 의료는 전문 분야도 많다. 특히, 수술이나 시술 부분에서는 젊을 때만 가능한 부분이 많고, 또한 자신을 스스로 수술할 수 없기 때문에 오늘은 공급자이면서도 내일은 소비자가 될 가능성이 큰 영역이 의료영역이다. 의료시스템과 거기에 종사하는 의료인에 대한 이해력이 부족했던, 탁상공론으로 일관했던 정부는 실패할 수밖에 없었다. 문과 출신의 보건복지부 장/차관, 교육부 장관, 국무총리, 심지어는 대통령, 그들은 의사들이 왜 저항하는지, 왜 그들이 현재에 많은 부분을 포기하면서도 미래에 독이 되는 교각살우의 개혁에 목숨을 거는지 이해할 수도 없었을 것이다.

1   —로스쿨
     : 학부모의 표를 받기 위해 청년의 미래를 좀먹은 개혁

대통령은 국무회의에서 "김대중 대통령 때 1,000명을 뽑았어요. 변호사 숫자가 늘어나니까, 모든 분야에 법을 배운 사람들이 다 자리를 잡아서 법치주의 발전이 엄청나게 급속도로 진행됐습니다."라고 말했다. 그렇게 법치주의가 발전을 해서 검찰개혁까지 갔는지 모르겠지만, 검찰개혁에 그렇게 반대했던 사람이 왜 의사들이 반대하는 의료개혁을 진행하는지는 모르겠다.

문과의 최고봉이었던 법대가 로스쿨이라는 이름으로 사라지고 고졸도 응시할 수 있었던 사법시험도 사라졌다. 1995년 문민정부 시절 법조인 양성

제도의 '개혁' 안으로 처음 거론되었던 로스쿨 제도는 12년 만인 2007년 7월 3일에 로스쿨 법이 졸속으로 통과되며 시작되었다. 5년 단임제 안에 '개혁'이라는 성과를 내기 위해 정권 초부터 추진했던 사법개혁은 이렇게 마무리가 되었다. 17회 사법고시를 통과한 유일한 고졸 출신으로(안대희 전 대법관도 고졸 출신이었지만, 서울대 법학과 중퇴이기 때문에 순수 고졸 출신이라고 보기는 힘들다) 대전지방법원 판사로 임용되었던 고졸 신화의 대통령이 자신이 걸어온 사다리를 걷어차 버렸다. 업적을 위해서 졸속으로 처리된 '사법개혁'은 도입된 지 15년이 된 2024년에 법학 교수들로부터 '로스쿨개혁'이란 이름으로 변화를 요구당하고 있다. 로스쿨 설립 당시부터 로스쿨의 비싼 등록금으로 인해 금수저 리그로 전락할 것을 걱정하는 사람들도 많았던 것이 사실이다.

헌재는 2009년 결정문에서 "사법시험에만 합격하면 법조인이 될 수 있으므로 대학에서의 법학 교육을 도외시하고 고시학원으로 몰리는 현상이 나타났고 법조인 선발 및 양성 과정에서 수많은 인재가 탈락… 국가 인력의 극심한 낭비 및 비효율성이 발생하였다"라며 "법학전문대학원제도는 대학 교육을 정상화하는 한편 국가적 인재를 적재적소에 배치하고자 함에 그 목적이 있다"라고 밝혔다(2008헌마370).

9수생을 배출하며 지적됐던 사법시험의 폐해는 '오탈자'(변호사 시험 5회 탈락자) 등으로 모습만 바뀌어 사회에서 반복되고 있다. 여기에 '5070'현상(변호사 시험 전체 합격률 50%, 초시 합격률 70%)이 고착화되면서, 장수생을 배출하고 있는 법학전문대학원은 법조인의 진출 시기만 늦춰버린 채 아무것도 바꾸지 못한 실패한 개혁이 되어버렸다.

법학과가 대학교에서 사라진 후로 문과의 인기는 사라지기 시작했다. '법학 교육 정상화와 우수한 법조인 양성'은 무너진 지 오래되었고, '국가 우수인력의 효율적 배분'이라는 명분 또한 사라진 지 오래다.

법학과가 무너지면서 잠시 경제학과와 경영학과가 주목받았으나, 대부분의 문과는 법학대학원을 진학하기 위한 코스로서만 인식되었고 2010년대 중반부터 로스쿨을 가지 못한 문과생들은 사회적인 일자리에서도 인기가 없어졌다. '문송합니다'(문과라서 죄송합니다), '인구론'(인문대 90%는 논다) 등의 신조어가 등장하며 문과의 낮은 취업률은 사회 문제로 대두되었다.

그렇다면, 법조인이 되었던 로스쿨 출신들은 어떠한가? 사법시험 이전의 부러운 삶을 살고 있을까? 일부 특출난 개인들은 대형 로펌에 취업하여 높은 연봉을 받는다. 하지만 절반 이상 변호사들의 월 소득은 300~600만 원 수준이다. 국내 100대 기업 직원의 평균연봉(7,741만 원)에도 못 미치는 수준이다. 야근과 주말 근무에 시달리고 휴가도 제대로 쓰지 못한 채 일에 매달려도 수입에는 변화가 없다. 최저시급이 월 200만 원이 넘는 현재에 변호사 자격증을 취득하는 시간을 감안하면 그렇게 매력적인 보상은 아니다. 특히 10명 중 1명은 300만 원 미만이라고 하니, 변호사의 60%는 투자한 비용과 시간에 비하여 받는 보상이 적은 편이다.

　법률시장의 미래를 보는 눈도 밝지 않다. 50%의 변호사들이 법률시장의 미래를 어둡게 보는 이유를 '변호사의 수 증가'로 보고 있다. 이미 이직을 고려하는 변호사도 1/3이라고 한다.

사법시험의 합격자 수를 늘리는 것으로 시작했던 사법개혁은 법학전문대학원으로 완성되었다. 하지만, 청년들은 사법시험에 합격하고도 어떻게 살아야 하는지 모른다. 변호사는 개업하면 먹고 살 수 없는 직업이 되었다. 그래서 대형로펌을 들어가지 못하면, 변호사로서 어떻게 고객을 유치해야 하는지 모른다. 세월이 지나면서 인건비가 많이 상승해서 사무 보조를 하는 사람도 영업하는 법무장도 뽑을 수가 없다.

기존 시스템의 작은 문제점들을 고치고 복잡하게 얽혀있는 시스템을 붕괴시켜 버린 '교각살우矯角殺牛 개혁'은 청년들에게 예측할 수 없는 삶을 제공하였다. 열심히 노력하면 잘 살 수 있다는 어른들의 충고가 청년들에게 먹히지 않는 이유이다. 청년들은 자신들과 함께 변호사가 된 동료들과 노동시장에서 경쟁하게 되었다. 값싼 노동자가 되어 이미 고객을 확보해 놓은 기성세대의 대리인으로 일하게 되었다. 값비싼 고객을 대형로펌에 빼앗긴 후배들이 맞이할 고객들은 기존의 로펌에서 상대하지 않는 까다로운 문제를 가진 고객들이다. 그런 까다로운 사건은 가성비가 떨어지므로 개업변호사의 생산성은 극도로 낮아진다.

그럼에도 새로운 고객을 유치하지 않으면 매출이 일어나지 않기 때문에 울며 겨자먹기식으로 까다로운 고객도 받아야 한다. 그렇게 악순환과 딜레마에 고심하는 청년 변호사들은 변호사 시장을 떠나려고 이직을 고려하게 된다. 그럼에도 불구하고 남아있는 변호사들은 사건의 승소 여부는 따지지 않고 갈등만 부추기면서 소송의 건수를 늘리고 있다. 대한민국은 혼인 건수에 비해 이혼 건수는 월등히 높아지고 있고 황혼이혼도 상당히 늘고 있다. 예전에는 부부싸움으로 끝났어야 할 많은 사건이 이제는 법정 앞에서 판단해달라고 아우성을 치는 '소송 공화국'이 되었다. 변호사를 이렇게 많이 늘렸으면, 판사도 같이 비례해서 늘렸어야 했다. 하지만 판사는 그대로인 상황에서 변호사만 늘어나니, 판결은 늘어지기만 한다. 예전에 변호사들이 없었을 때는 승소의 가능성이 없는 소송들은 1차나 2차 판결로 끝났지만, 요즘은 승소의 가능성의 유무가 아니라 판사가 받아주기만 하면 3차까지도 가는 경우가 허다해졌다. 이 정도로 재판에 대해 병목현상이 있다면, 판사도 한꺼번에 2,000명씩 늘렸어야 하는 것이 아니었는가? 이것이 대통령이 말하는 사법개혁의 현주소이다.

2   —개인의 결정이 집단지성이 되다

전공의는 의사 면허를 가지고 있는 의사이다. 전문의라는 자격을 취득하지 못했을 뿐이다. 환자들에게 더 좋은 서비스를 제공하기 위해 의사 면허에 전문의 자격을 더할 목적으로 상급종합병원에 취업하는 것이다. 상급종합병원에서는 다양한 환자들을 경험할 수 있다. 의사면허 취득 후에 개원하거나 봉직의로서 일하는 것보다는 많은 케이스를 임상에서 경험한 후에 그 경험으로 전문의를 하는 것에 비전을 가지고 전공의라는 신분으로 진입했다. 일반적인 환자부터 특수한 환자까지 다양한 경험을 제공하는 상급종합병원은 젊은 의사를 저렴하게 활용할 수 있기 때문에 서로의 필요에 의해 관습적으로 인정하면서 시스템을 지켜왔다.

   그런데 역대 정부는 이 관습적인 시스템을 자신의 표를 얻기 위한 도구로 활용해 왔다. 늘 돈 많이 버는 의사를 악마화하였고, '의료개혁'을 마

치 모든 문제를 해결하는 번개맨의 '번개파워'처럼 활용하였다. 특히 진보 정부가 들어서면 '공공의료'라는 카드를 통해서 번번이 의료시스템을 손보려고 하였다. 김대중 정부의 의약분업, 2002년 국민건강보험법상의 요양기관 당연지정제 합헌 판결 이후 의료계에서 주장하는 많은 문제점은 무시한 채 지금까지도 실패한 개혁을 수정할 생각 없이 끌고 왔다. 현재 산부인과를 전멸시킨 주범인 포괄수가제는 1997년 시범사업으로 실시한 이후, 2002년부터 선택적으로 의료기관에 적용해 왔다. 노무현 정부에서 전국 모든 의료기관에 확대해 시행하려던 포괄수가제도는 이명박 정부 때까지 논란을 거듭하다가 박근혜 정부 초기인 2013년 7월부터 본격적으로 실시되었다.

문재인 정부에서도 2020년 의대 정원의 확대와 공공의대의 설립, 한방 첩약의 급여화, 비대면 진료 추진 관련법안 등의 개혁을 시도했다가 2019년에 발생한 코로나-19로 인해서 모든 개혁은 중단되었고 정부와 의료계의 합의문을 통해서 마무리되었다. 이렇게 보면 '의료개혁의 칼'을 만지작거리지 않은 정부는 거의 없을 지경이다.

매번 의료계의 거센 저항이 있었지만, 결국에는 정부가 원하는 대로 천천히 진행됐을 뿐, 각각의 정부의 필요에 따른 정책으로 누더기같이 되어버린 의료시스템은 일하는 사람으로 하여금 점점 염증을 느끼도록 만들었다.

2020년 8월 의대생, 전공의, 개원 의사, 의대 교수 등이 함께한 4대 악법 저지 전국 의사 총파업 투쟁 이후, 2020년 11월 13일에는 의료인이 정당한 사유 없이 의료행위를 중단하지 못하게 하고, 이를 위반할 경우 제재 근거를 마련하는 법안을 발의하게 된다. 의사들의 거센 저항에 자존심을 잃은 정치인들은 의사들의 저항을 원천 봉쇄하기 위해서 의사들의 손발을 묶는 법을 만든 것이다. 의료를 하나도 모르는 사람들이 복수심으로 제정한 의료법은 벌칙이나 행정처분의 사유가 비이성적으로 많았고 체계적이지도 못하며 가독성이 매우 떨어진다. 이런 두루뭉술한 법률은 행정정책이 정책의 근거만 제공하고 어떠한 절차도 구체적이지 않아 실행자의 융통성에 의지하게 만들었다.

의사들은 모든 노동자가 권리로 가지고 있는 파업조차도 마음대로 할 수 없는 분위기에 휩싸였다. 의사들은 다음 개혁은 또 무엇을 들고 어떻게 망치려고 하는지 불안감 속에서 자신의 일터를 지켜나가야 했다. 특히 종합병원의 봉직 의사들은 1년 단위로 진행되는 계약직이다. 노동자의 권리조차 무시되는 의사들은 돈을 많이 번다는 이유로 악마화되기 일쑤였고, 환자의 목숨을 담보한다는 명분으로 파업의 권리까지 빼앗으려는 시도 속에서 2020년의 의대생들은 4년이 지난 2024년에 전공의로서 '의료개혁'을 또다시 마주하게 되었다.

2022년 더불어민주당의 의료개혁에 염증을 느꼈던 각종 의사 단체에서는 국민의 힘의 대통령 후보를 향하여 공식적인 지지를 발표하였다. 그리고 그 후보는 24만 표, 0.73% 차이로 대통령에 당선되었다.

그러나 배은망덕한 대통령은 대선공약에는 한마디도 포함되지 않았던 의료개혁으로 은혜를 원수로 갚기 시작했다. 2023년 10월부터 '필수의료 정책 패키지'라는 설익은 정책이 발표되었다. 이전부터, 졸속으로 입안되고 있음을 인지한 의사들은 그 정책이 의료의 시스템을 붕괴시킬 것이라고 반대하는 목소리를 내기 시작했다. 하지만, 정부는 의료계와는 어떠한 깊은 상의도 하지 않고 졸속으로 밀어붙였다.

2020년에 의대생이었던 2024년의 젊은 의사들은 드디어 올 것이 왔다고 생각하게 되었고, 정부가 무리하게 정책을 진행하게 되면, 사직할 것이라고 경고했다. 그러나 정부는 자신의 갈 길이라고 계속 진행하였고 2024년 2월 1일에 공식적으로 발표하였다. 2월 1일 대한의사협회는 반박 의견을 표명했다. 그리고 2월 3일 시도의사회장협의회는 의대 증원 강행 시 전공의들과 파업하겠다고 선언하였고, 2월 5일 대한전공의협의회는 설문조사 결과 88%의 전공의가 단체행동에 참여하겠다는 결과를 내놓았다.

정부는 파업에 들어가는 즉시 "업무개시명령"을 내릴 것이며, 불응 시 징계할 것이라는 강경 대응 입장을 밝혔다. 2월 6일에는 "집단행동 및 집단행동 교사 금지명령"을 내리며 "의사 집단행동 중앙사고수습본부(중수본)을 설치했다. 조규홍 보건복지부 장관과 박민수 차관은 의사들에 대해서 '의새'라는 막말을 공식적인 자리에서 발표하는 무례를 범했다. 이는 의사들을 분노하게 하였으나, 이때까지만 해도 대통령에 대한 분노보다는 장관과 차관에 대한 분노가 컸었다.

2월 16일이 되면서 전공의들은 사직의 길을 택하였다. 50여 개의 수련병원들 인턴들의 개별사직을 시작으로 전공의들 개인의 결정은 시작되었다. 2월 18일에는 의대생들도 휴학으로서 동참하기 시작했다. 2월 19일이 되면서 한덕수 국무총리가 주재하는 장관 회의가 열렸고 보건복지부는 의료법 59조에 근거해 전국 221개의 수련병원 전공의에게 진료유지명령을 발령하였다. 그리고 그 유명한 박민수 차관의 '법정최고형' 발언이 나왔다.

전공의들이 (업무개시명령에도) 복귀하지 않으면 그에 따라 처벌이 가해질 것이다. 업무개시명령은 징역 최고 3년이다. 물론 이 벌칙은 침해된 이익의 크기에 따라서 달라진다. 잠깐 있다가 바로 병원에 복귀하면 병원에 실제로 피해가 발생하지 않을 수 있다. 이 경우에는 처벌이 없을 수 있다. 하지만 전공의가 장기간 복귀를 안 해서 병원 기능에 상당한 마비가 이뤄지고, 실제로 사망 사례나 중대한 위해가 발생할 경우는 법정 최고형까지 처벌이 이뤄질 수 있다.

이 발언은 정부가 의사들을 어떻게 생각하는지 너무나 잘 나타나 있다. 필자는 의사를 공공재로 보는 박민수 차관의 이 발언으로 인해서 정부와 전공의는 돌아올 수 없는 강을 건너게 되지 않았나 생각한다.

2월 20일이 되면서 대한전공의협의회는 7가지 정부 요구안을 제시했다. 첫째, 필수의료 정책패키지와 2천 명 의대 증원 계획을 전면 백지화할 것과 둘째, 과학적인 의사 수급 추계를 위한 기구를 설치하고 증원과 감원을 논의할 것을 요구했다. 셋째로는 수련병원에 전문의 인력 채용을 확대할 것을 주문했다. 넷째, 불가항력 의료사고에 대한 법적 부담을 완화할 수 있는 구체적인 대책을 제시하고 다섯째, 전공의 수련환경 개선도 촉구했다. 이어 여섯째, 최근 정부가 보여준 전공의를 향한 부당한 명령을 전면 철회하고 전공의들에게 정식으로 사과할 것과 더불어 일곱째, 국민의 기본권을 침해하는 의료법 제59조 업무개시명령을 전면 폐지하고, 대한민국 헌법과 국제노동기구(ILO)의 강제 노동 금지 조항을 준수할 것도 요구했다.

2월 23일이 되면서 3월부터 인턴으로 입사 예정이었던 의사들이 임용

포기를 하기 시작했다. 전문의들도 재계약 포기를 검토하였다. 사태가 점점 심각해지면서, 대통령실의 입장이 나오기 시작했다. 2월 25일 대통령실은 '의사들이 환자 목숨을 볼모', '2천 명 증원 규모는 계속 필요한 인원' 등을 말하며 적극적으로 공식 입장을 표명하였다.

2월 26일이 되면서 이상민 행정안전부 장관은 29일까지 근무지 복귀를 요청하였다. 3월부터는 법대로 처리하겠다고 했고 복귀자는 최대한 정상참작을 하겠다고 했다. 복지부는 전공의 공백을 최소화하겠다면서 진료지원인력(PA간호사)에게 의사업무의 일부를 위임하도록 했다. 그리고 의협 비대위 관계자 5명을 경찰에 최초로 고발하였다. 사태는 점점 고소 고발의 형태로 진행되었다. 7개의 여성의사 단체가 박민수 차관의 '여성의사가 남성의사에 비해 온전한 업무를 수행하지 못해서 의대 증원이 필요하다'라는 내용에 사과를 요구했다. 그러나 박민수 차관은 사과하기를 거부했고, 여성의사 단체는 박민수 차관을 명예훼손으로 고발했다.

한편, 정부는 의료법 59조를 계속 무기 삼아서 젊은 의사들을 협박하였다. 29일까지 복귀하라고 명령하였지만, 여전히 복귀하지 않는 전공의들에게 면허 3개월 정지에 대한 행정처분 사전 통지서를 등기우편으로 발송했다.

3월이 되면서 휴학계를 낸 의대생은 수업에 참여하지 않았고, 인턴들은 병원으로 오지 않았다. 사직한 전공의는 92.9%에 달했지만, 정부는 여전히 파업이라고 주장하며 이를 인정하지 않았고, '집단 사직서 수리 금지 명령'을 발동하면서 전공의들에게 전방위 압박을 가하기 시작했다. 그리고 정부는 '의료개혁'의 정당성과 의사 악마화를 위해 90억의 각종 홍보비용을 사용하였다.

'의사 집단행동 중앙사고수습본부' 여기에는 정부가 의사를 대하는 내용이 그대로 담겨있다. 2020년에는 팬데믹 상황이 이르자, 정부는 위기 경보단계를 최고단계인 '심각'으로 올리고 '코로나19 대응 중앙사고수습본부'를 만들었었다. 전공의들이 사직하자, 정부는 위기 경보단계를 최고단계인 '심각'으로 올리고 '의사 집단행동 중앙사고수습본부'를 만들었다. 의사의 집단행동을 마치 팬데믹 상황과 동일하게 취급하는 것이다. 코로나-19의 경우 전염병이고 정책의 실패보다는 어쩔 수 없는 상황이 전개된 것이었다. 그러나, 전공의 사직의 경우는 달랐다. 충분히 설득하고 이야기하여 이견을 좁힐 수 있음에도 불구하고 일방적으로 정책을 진행한 정부의 탓이다. 그런데 그 탓을 의사의 집단행동에 원인이 있다고 보는 오만한 생각이 의사 개인의 자유와 권리를 박탈하고 인권마저 무시하는 정부의 태도로 나타난 것이다.

흑자를 내던 상급종합병원은 전공의의 사직으로 인해 바로 적자로 돌아섰다. 그리고 정부는 매달 1,900억을 선지급하였다. 결국 사후에 정산하겠다고 했지만, 점점 그 규모는 커지면서 1조 5천억을 넘어 2조를 바라보고 있다. 선지급했던 돈은 2025년 1월부터 균등분할 회수할 계획이었지만, 사태가 길어지면서 상환 유예를 검토하는 지경에 이르렀다.

처음에는 빨리 해결이 되기를 바라면서 전공의의 공백을 채워나가려던 교수들은 하나, 둘 번아웃되기 시작했다. 의사들은 특히 교수들은 총선 때 지지율을 올리기 위해서 발표했던 정책이었다고 생각했다. 그리고 드디어 4월 1일 대통령이 직접 대국민 담화문을 발표하겠다는 말에 교수들은 이제 전공의들이 돌아오는 방안을 발표하기만을 바라며 건강의 적

신호도 참아가며 버텼다. 하지만, 만우절이기도 했던 4월 1일은 의사들에게는 희망을 잃은 날이었다. 정말 대통령의 담화문이 거짓말이기를 바랐다. 50분 동안 자기 말만 하는 대통령의 담화문에서 의사들은 '교장선생님의 훈화'를 느꼈다. 어느새 의사들은 카르텔 조직이 되었고 더 이상 윤석열 정부는 대화가 안 되는 정부라고 느꼈다. 그리고 2022년 3월 9일에 지지했던 대통령에게 배신을 당한 의사들은 절망에 빠졌다. 이제 대한민국 정치에서 의사의 편을 들어줄 정당은 사라져 버린 것이다. 의료시스템은 좌파는 공공의료로 협박하고, 우파는 2,000명 증원으로 협박하는 붕괴 직전의 진퇴양난에 놓였다. 의사들은 4월 10일의 국회의원 총선거를 앞두고 고아가 된 심정이 되어버렸다. 그리고 그들은 그들이 원하는 표를 던졌다.

사실 누가 되든지 상관없었던 선거였지만, 결국 여당은 선거에서 참패하고 말았다. 특히 수도권에서 전멸하였다. 의료인이 많이 살고 있는 수도권, 그 의료인의 부모, 배우자, 자녀들의 숫자는 경합지역에서 모두 패배하도록 만들었을 것이다. 다양한 변수가 있었겠지만, 의료인들의 영향도 적지 않았을 것이다. 패배한 이후 겸허히 고개를 숙일 줄 알았던 정부는 오히려 적반하장이 되어 의사들을 더욱 악마로 만들었다. 총선 패배에 화풀이하듯이 의사들을 향한 비난을 아끼지 않았다.

4 　　　─영국의 전성기를 만들었던 저항의 상징 '명예혁명'

1688년 영국에서는 영국 의회와 네덜란드가 연합하여 제임스 2세를 퇴위시키고 잉글랜드의 윌리엄 3세가 왕으로 즉위한다. 이때 일어난 혁명을 '피 한 방울 흘리지 않고 명예롭게 이루어졌다'라고 해서 명예혁명이라 이름을 붙였다. 명예혁명은 영국의 민주주의를 출발시킨 시발점이 되었다. 이후 어떠한 영국의 왕조도 의회를 무시하는 무소불위의 권력을 행사할 수 없었다. 또한 당시 작성된 1689년의 권리장전은 영국의 역사에 매우 중요한 위치를 점하고 있다.

엘리자베스 1세를 기점으로 영국은 대영제국으로 성장하며 경제적 풍요를 누리기 시작했다. 그 이후 제임스 1세를 시작으로 스튜어트 왕조가 시작되고 절대왕정을 이루려는 왕의 욕망과 이를 저지하려는 의회의 갈등이 시작되었다.

제임스 1세는 '왕권신수설Divine Right of Kings'을 주장하면서 왕의 권위를 신에게서 받았다고 주장하였다. 그리고 전쟁과 사치스러운 궁정 생활을 유지하기 위해서 의회의 승인 없이 특별세를 부과하려고 했다. 찰스 1세는 아버지 제임스 1세의 절대왕정 정책을 더욱 강하게 추진하였다. 그러자 의회의 저항은 점점 거세졌다. 재정이 고갈되면서 1682년 의회로부터 필요한 자금을 요구했으나, 의회는 '권리청원Petition of Right'을 제출하며 왕권의 제한을 요구하였다.

권리청원의 내용의 내용은 다음과 같다.

① 어느 누구도 법률에 의하지 않고 구속, 구금되지 않는다.
② 백성은 군법으로 처벌해서는 안 된다.

③ 군인이 강제로 민간인의 집에 머무를 수 없다.

④ 평화 시에 계엄령을 선포할 수 없다.

⑤ 의회의 동의 없이 과세할 수 없다.

의회는 권리청원을 받아들이지 않으면 특별세를 허가할 수 없다고 맞섰고 결국 찰스 1세는 이를 어쩔 수 없이 받아들였으나 이듬해인 1629년, 의회를 해산하고 11년간 의회를 소집하지 않았다.

　이후 스코틀랜드 반란을 통해서 재정이 궁핍해진 왕은 의회를 다시 소집했다. 이때 의회는 왕의 권한을 크게 제한하는 법을 통과시켰고 결국 의회와 찰스 1세 간의 갈등은 '영국 내전British Civil War'으로 이어졌다. 1642년부터 1651년까지 내전으로 인해서 찰스 1세는 처형당하고 영국의 공화정이 시작되었다. 1660년 찰스 2세를 통해 왕정이 복구되었지만, 왕권 강화의 노력은 의회와 충돌하게 된다. 제임스 2세는 카톨릭에 우호적인 정책을 펼치며 종교적 긴장을 불러일으켰고, 의회의 반대를 무시하고 카톨릭 신자들을 군대와 정부 요직에 임명하였다. 제임스 2세의 절대왕정의 시도가 카톨릭 왕조 복구의 우려로 이어지자, 의회는 제임스 2세를 퇴위시키고 윌리엄 3세를 왕으로 추대하였다. 스튜어트 왕조 시기 왕들의 절대왕정 실현 욕구에 맞서 의회는 재정통제와 법적 제한을 통해 저항했다. 이러한 저항은 영국 내전, 공화정, 복고 왕정 그리고 명예혁명을 거치며 점진적으로 의회 주권의 확립과 입헌군주제로의 전환을 끌어냈다. 이 명예혁명은 영국을 근대 시민사회로 이행하는 밑바탕을 닦은 사건이다. 명예혁명의 결과 권리장전이 법으로서 제정되었다. 이로써 정치는 점점 안정이 되어갔고, 법과 규칙으로 규정된 개인의 권리에 따라 개인의 경제적 활동의 자유가 보장되면서, 궁극적으로는 산업혁명에까지 영향을 주었다.

영국이 19세기의 세계 패권의 중심이 될 수 있었던 이유는 절대권력에 대한 저항의 결과였다. 명예혁명에 의한 정치 질서의 확립과 산업혁명에 의한 경제 번영의 결과가 해가 지지 않는 영국을 만들었던 것이다.

5   — 대한민국의 민주주의 역사를 다시 쓸
                                    청년의 무혈저항 '가운혁명'

2024년 2월 전공의들의 사직과 의과대학생들의 휴학은 젊은 청년들이 행하였던 기성세대에 대한 무혈저항이다. 더 이상 기성세대들이 짜놓은 판에서 허우적댈 수 없다는 청년들의 저항이다.

매년 병원으로 첫 임상실습을 나가는 의학과 3학년들에게는 의사의 상징인 흰 가운을 입혀주는 화이트 코트 세레머니가 있다. 예비 의사로 첫 걸음을 내딛는 학생들은 화이트코트 세레머니를 통하여 의사의 사명감을 다지게 된다. 학교마다 방식은 다르지만, 학생들은 선배 의사들이 이룩한 의학지식과 기술을 소중히 여기고 스승을 존경할 것과 자기 몸을 맡길 환자들 덕분에 의학교육을 받을 기회를 얻게 되었다는 사실, 인간이 수태되는 순간부터 생명을 소중히 여기며 인간을 사랑하는 일에 반하는 어떤 행위나 의술에 참여하지 않을 것 등을 다짐한다.

이러한 '흰 가운White Coat'이 의사라는 직업에 대한 자긍심과 사명감을 갖도록 만들어 주었고, 값싼 노동력의 전공의로서 수련병원에서 고된

시간을 견디게 해준다고 해도 과언은 아니다. 명목상 80시간이라고 하지만 실질적으로는 일주일에 120시간씩을 일하던 전공의들은 좀 더 많은 경험을 통해서 배우고 익혀서 '사람 살리는 의사'로서 본분을 다하고, 사회에서 무시당하지 않기 위해서 수련을 결심하였다. 누군가는 해야 하지만 누구나 하기 싫어하는 일을 도맡아 하며 최저시급도 안 되는 일을 하면서 의사다운 의사가 되는 미래를 꿈꾸며 인내하고 참아왔다.

2024년 2월 16일 전공의들은 그들이 입었던 '흰 가운'을 벗어 던지고 사직서를 제출하였다. 정부의 급작스러운 '의료개혁'은 2020년 9.4 의정 합의서를 헌신짝처럼 내던진 것이었다. 찰스 1세가 권리청원을 그다음 해에 무시하고 의회를 해산한 것처럼, 코로나19 때 아쉬워서 의정 합의서를 썼던 정부가 자신의 필요에 의해서 합의서를 무시하였다. 그리고 의사를 카르텔 조직이라고 명명하고 밥그릇만 챙기려는 악마로 만들었다.

그동안 선배 의사들이 이룩한 세계 일류의 시스템인 의학지식과 기술은 한순간에 개혁을 당해야 하는 수준의 시스템으로 비하되기 시작했다. "응급실 뺑뺑이", "소아과 오픈런" 이런 것들이 문제라면서 OECD 운운하며 우리나라 의료시스템이 마치 선진국에 뒤떨어진 것처럼 90억을 때려 부으며 홍보하였다. 언론은 일부에게 일어나는 성희롱과 성폭행 같은 일탈행위를 마치 온 집단이 그런 것처럼 과장 확대해 보도하였다. 재판관은 정말 드물게 일어나는 수술 사고를 마치 인재인 것처럼 결과의 책임을 의사에게 묻는 판결을 내었다.

사람을 살리면서 갖게 되는 희열과 보람을 일컫는 '바이탈 뽕'에 취해서, 몸과 마음 그리고 젊음을 갈아 넣었던 전공의들은 의료개혁의 대상자가 되었고 공부를 못 해서 어쩔 수 없이 선택하는 '낙수 의사'가 되어버렸다. 응급의학과는 성범죄자가 자신의 과오를 방어하기 위해서 가는 '속죄 의학과'이자 사람을 청부살인 할 음모를 꾸미는 '암살의학과' 취급을 받 기 시작했다.

이 상황에서 젊은 의사들은 자신의 '흰 가운'이 더 이상 의사라는 직업 의 자긍심과 사명감을 상징하지 않게 되었고, 그들은 화이트 코트 세레머니 때 입었던 흰 가운을 벗어 던지는 퍼포먼스와 함께 사직서를 제출하였다.

필자는 벗어던져 산을 이룬 '흰 가운 무덤'을 보며 보이지 않는 젊은 의사들의 마음속 절망을 보았다. 또, 조용히 제출되어 모인 사직서 속에 서 '의사로서 미래가 보이지 않는다'라는 침묵의 외침을 들었다.

'흰 가운'을 벗어 던짐으로 기성세대가 만들어낸 시스템에 대한 저항 을 보여준 그들이 데모와 파업이 아닌 사직으로서 어른스러운 '무혈저 항'을 한 것이다. 이로써 어디로 가는지 모르는 정부의 의료개혁은 그 시 스템 속으로 들어가기를 저항하는 젊은 의사와 예비 의사들에게 버림을 받았다. 필자는 이 젊은이들의 저항을 '가운혁명 White Coat Revolution' 이라고 부르며 그 숭고한 저항 정신에 존경을 표한다.

의료개혁이 어떻게 마무리될지는 아무도 알 수 없다. 2달 정도 진행되 면서 의료체계가 무너지면 곧 멈출 것이라고 예상했던 것과는 달리 1년 가까이를 진행하면서, 어떤 어른도 책임은 지지 않는다. 다만 젊은이들의 저항과 희생만 지리멸렬하게 지속될 뿐이다.

하지만 이 길고 긴 저항이 끝났을 때, 대한민국의 미래는 어떻게 될까? 젊은이들의 저항이 어떻게 마무리되는가에 따라서 나라의 미래는 결정 이 날 것이라고 본다. 저항이 열매를 맺고 긍정적인 방향으로 끝난다면, 2024년도의 대한민국이 겪은 의정 갈등의 진통은 선진사회로 나아가는 현대사로 기록될 것이며, 세계에서도 이 사건을 주목하며 멋진 나라 대한민국으로 기억할 것이다. 하지만 이 저항이 기성세대의 무관심 속에서 열매를 맺지 못하면, 의료개혁은 퇴보하는 현대사로 기록될 것이며 대한민국도 언제가 잠시 반짝했던 나라로서 세계가 기억할 것이다.

자녀들에게 어떤 미래를 유산으로 남겨줄 것인가? 기성세대의 현명한 판단을 기대한다.

의료 개혁의 실패, 계엄령과 포고령 1호 5항 그리고 탄핵

전공의들과 의대생의 가운혁명이 일어나고 10개월이 지났다. 자리를 떠난 젊은 의사들과 자리를 지키는 교수와 선배 의사들도 점점 지쳐가고 있던 어느 날, 대한민국 역사를 뒤집어 놓는 사건이 일어났다.

12월 3일 10시 30분 뜬금없는 대통령의 비상계엄령 발표로 인해 대한민국은 혼돈의 도가니 속으로 들어가 버렸다. 야당은 10시 42분 국회의원들을 긴급 소집하였다. 담을 넘는 퍼포먼스를 개인 라이브 방송으로 송출하면서, 여의도 국회의사당으로 재적의원 300명 중의 190명이 모였다. 그리고 계엄령 선포 3시간 만에 재석한 190명 전원의 찬성으로 계엄 해제 요구 결의안을 통과시켰다. 대통령은 국회 요구를 수용하여 4시 30분에 비상계엄을 해제하였다. 2024년 갑진년에 일어난 '갑진정변'은 공식적으로는 6시간, 실제로는 3시간 천하였다.

비상계엄을 선포할 때, 대통령 긴급 담화문의 핵심적인 문장은 이러하다.

친애하는 국민 여러분, 저는 북한 공산 세력의 위협으로부터 자유 대한민국을 수호하고 우리 국민의 자유와 행복을 약탈하고 있는 파렴치한 종북 반국가 세력들을 일거에 척결하고 자유 헌정 질서를 지키기 위해 비상계엄을 선포합니다.

저는 이 비상계엄을 통해 망국의 나락으로 떨어지고 있는 자유 대한민국을 재건하고 지켜낼 것입니다.

이를 위해 저는 지금까지 패악질을 일삼은 망국의 원흉 반국가 세력을 반드시 척결하겠습니다. 이는 체제 전복을 노리는 반국가 세력의 준동으로부터 국민의 자유와 안전, 그리고 국가 지속 가능성을 보장하며, 미래 세대에게 제대로 된 나라를 물려주기 위한 불가피한 조치입니다. 저는 가능한 한 빠른 시간 내에 반국가 세력을 척결하고 국가를 정상화하겠습니다."

계엄의 명분은 다양하다. 하지만 그 다양한 명분은 돌고 돌아서 결국 국가 질서를 어지럽히는 '반국가 세력의 척결'이라는 명분으로 귀결되게 마련이다.

계엄령이 선포되고 1시간 만에 계엄사령관 박안수 육군참모총장은 계엄사령부 포고령(제1호)을 발표하였다.

계엄사령부 포고령(1호)

자유대한민국 내부에 암약하고 있는 반국가 세력의 대한민국 체제 전복 위협으로부터 자유민주주의를 수호하고, 국민의 안전을 지키기 위해 2024년 12월 3일 23:00 부로 대한민국 전역에 다음 사항을 포고합니다.

1. 국회와 지방의회, 정당의 활동과 정치적 결사, 집회, 시위 등 일체의 정치활동을 금한다.
2. 자유민주주의 체제를 부정하거나, 전복을 기도하는 일체의 행위를 금하고, 가짜뉴스, 여론조작, 허위 선동을 금한다.
3. 모든 언론과 출판은 계엄사의 통제를 받는다.
4. 사회 혼란을 조장하는 파업, 태업, 집회행위를 금한다.
5. 전공의를 비롯하여 파업 중이거나 의료 현장을 이탈한 모든 의료인은 48시간 내 본업에 복귀하여 충실히 근무하고 위반 시는 계엄법에 의해 처단한다.
6. 반국가 세력 등 체제 전복 세력을 제외한 선량한 일반 국민은 일상생활에 불편을 최소화할 수 있도록 조치한다.

이상의 포고령 위반자에 대해서는 대한민국 계엄법 제9조(계엄사령관 특별조치권)에 의하여 영장 없이 체포, 구금, 압수수색을 할 수 있으며, 계엄법 제14조(벌칙)에 의하여 처단한다.

2024.12.3.(화) 계엄사령관 육군 대장 박안수

포고령 1항~4항의 내용을 보면 국회와 지방의회 정당들과 언론과 출판 관련자들은 파업, 태업, 집회행위 등을 금하거나 계엄사령부의 통제를 받도록 했다. 그런데, 5항의 내용은 전공의라는 특정 집단을 정하여 의료 현장을 이탈했다고 규정하였고 48시간이라는 구체적인 시간을 공고하였다. 그리고 위반할 경우 '처단'한다는 내용까지 적혀 있다. 포고령의 내용은 계엄이 마치 전공의들을 의료 현장에 집어넣기 위해서 선포한 것처럼 보인다. 보통 포고령으로 제1호를 발표할 때는 계엄의 정당성을 알리기 위한 목적이 크고 일반적인 이야기가 담겨있다. 그런데 5항의 경우에는 5·16이나 12·12에서도 없었던 특정 집단에 대하여 구체적으로 기술하였고, 해야 할 일과 안 했을 때의 결과 또한 구체적이고 자세히 적어놨다. 다만, 전공의들이 파업한 적이 없고, 의료 현장을 떠났다는 것을 어떻게 바라볼 것인가에 대한 해석의 여지가 있을 뿐이다.

전체적인 내용에서 5항은 맥락이 없게 보일 수 있다. 왜냐하면, 계엄 실패 이후에 대통령의 담화문이나, 국방부 장관의 해명에서도 5항에 대한 구체적인 설명이나 사과는 없었기 때문이다. 하지만, 5항으로 쓰인 전공의에 대한 '처단'의 필요성은 포고령 제1호로서 발표돼야 했을 만큼 중요한 사안임에는 틀림이 없다. 다른 이유를 떠나서 적어도 윤석열 정부가 전공의에 대하여 감정적으로 격해져 있음은 분명히 알 수 있다. 젊은 의사들과 예비 의사들의 비폭력 저항이 대통령에게는 큰 스트레스였음을 증명한 문서가 되어버렸다.

결국 3시간 천하를 가져왔던 비상계엄령의 실패는 역풍을 가지고 왔다. 비상계엄 해제 후 사흘 만인 12월 7일 국회는 대통령 탄핵을 위해서 다시 국회로 모였다. 하지만 급작스럽게 발의한 탄핵소추는 여당의 불참으로

부결되었고, 1주일 뒤인 12월 14일 오후 4시에 2차 표결이 진행되었다.
1차 표결과는 달리 재적의원 전원이 투표에 참여한 결과, 재적 300명 중
204명이 찬성하여 탄핵은 가결되었다. 젊은 의사들의 '가운혁명'이 완성
이 되는 역사적인 순간이었다. 필자는 그 시각에 서울역 앞에서 진행된
제55차 의료계엄 규탄 집회에 모인 젊은 의사들과 예비 의사들, 그리고
그들의 가족들에게 '가운혁명'을 선언하는 연설을 하였다.

제55차 의료계엄 규탄 서울역 집회 연설문

2월 1일 '의료개혁'이라 쓰고 '의료개악'이라고 부르는 아마추어 정부의 밑도 끝도 없는 의대 증원 2,000명이 시작되었습니다. 많은 의사 선배가 황당해하고 어찌할 줄 모르는 상황에서 여러분들은 청년의 힘이 무엇인지 보여주셨습니다.

여러분은 첫 임상실습을 앞두고 부모님과 교수님들 앞에서 설레임과 기쁨 속에 의사를 상징하는 흰 가운을 처음 입었습니다. 이 '화이트 코트 세레머니' 속에서 여러분은 의사로서의 사명감을 입었고 희망찬 미래를 꿈꾸었습니다. 그리고 짧게는 3년, 길게는 7년 동안 수많은 환자를 만났죠. 그러나 2024년 아마추어 정부의 정책은 젊은 의사들을 짓밟았고, 미래를 잃은 젊은 의사들은 절망 속에서 슬픔을 느끼며 흰 가운을 벗어 던졌습니다. 예과 2년, 본과 4년, 전공의 5년의 기간! 짧으면 7년에서 12년의 삶을 모조리 부정당하는 기분이었을 것입니다. 2020년 의정 합의서조차 깡그리 부정하는 이 정부에 더 이상 무엇을 기대할 수 있었겠습니까?

2월 19일 누가 먼저랄 것 없이 개인의 판단으로 사직서를 썼고, 조용히 자신의 직장을 나왔습니다. 개인의 선택이 모여서 집단지성이 되는 대한민국에 유례없는 무저항의 역사를 썼습니다.

무능한 정부는 사직을 파업이라 규정하며, '업무개시명령'을 내렸고, 이에 응하지 않으면 '법정최고형'이라고 협박하였습니다. 태어나서 교통법규 한 번 위반해 본 적 없는 여러분은 핍박과 박해를 받으며 때로는 공포 속에서 때로는 절망 속에서 힘든 하루하루를 보냈습니다. 또 병원에는 '사직서 수리 금지명령'을 내려서, 사직한 여러분들이 다른 곳에 취업도 못 하도록 하였습니다. 아마추어 정부는 자유민주주의에서는 결코 일어나서는 안 되는 직업선택의 자유를 침범하고, 민주주의의 근간인 사유재산을 침해하는 일을 벌였습니다. 이것은 마치 정부가 계엄령을 내고 민간인의 자유를 침해하는 것보다 더 공포스럽고 절망적이었습니다.

의대 증원은 정치인들에게는 늘 만지작거리고 싶은 표를 낳은 거위였죠. 국민의 89%는 정부의 정책에 무조건 찬성하였고, 젊은 의사들은 자신의 권리를 침해당하면서도 아무에게도 하소연할 수 없었습니다. 그래도 여러분은 질서를 어지럽히지 않고, 각자의 선택에 대해서 책임지면서 조용히 지냈습니다. 마치 죄인처럼 조용히 입을 다물었습니다.

그러나 사람이 있는 자리는 티가 안 나지만, 떠난 자리는 티가 나게 마련입니다. 여러분은 침묵했지만, 절망의 외침이었습니다. 응급실이 폐쇄되고, 암 환자들이 수술을 미루게 되고, 뇌출혈, 뇌경색 된 환자들이 제때 수술받기 힘들어졌습니다. 정부는 모든 책임을 전공의 탓으로 돌리기 위해 100억에 가까운 예산을 홍보비로 퍼부었습니다.

자신들이 때리고 얻어맞은 사람더러 잘못했다는 양아치 같은 정권 밑에서도 여러분은 질서를 지키며 이를 악물고 참았습니다. 80시간~100시간을 넘게 일했었는데, 그렇게 열심히 일했던 사람들에게 69시간 일하면 죽겠다는 사람들이 그놈의 "히포크라테스"를 들먹이며 여러분을 악마화할 때도 여러분은 불법적인 항의 한 번 하지 않고 조용히 있었습니다.

그렇게 10개월을 버티던 12월 3일, 아마추어 정부는 그들의 무능을 드러내며 비상계엄령을 선포했습니다. 포고령 1호 5항에는 전공의를 처단하겠다는 무서운 결의가 드러나 있었습니다. 국민 중에 집단을 싸잡아서 처단하겠다고 의지를 적은 것은 이유 여하를 막론하고 너무 공포스러운 것이었습니다. 일반 국민은 계엄령 소리만 들어도 무서웠다고 하는 데 처단의 대상으로 지목받은 죄 없는 젊은 의사들은 얼마나 소름 돋았겠습니까? 그러나 이것은 어떻게 보면 아마추어 정권이 얼마나 젊은 의사들에게 스트레스를 받았다는 반증이 아니겠습니까?

이 맥락 없는 쿠데타는 3시간 만에 제압당했습니다. 여러분들이 죽창을 들고 용산을 쳐들어갔습니까? 돌과 화염병을 들고 공권력에 대항했습니까? 그저 조용히 비폭력, 불복종, 비협력하는 간디의 저항 주의를 실천한 것뿐인데 결국 정부는 자멸하고 말았습니다.

저는 12월 3일의 윤석열 정권의 자멸은 여기에 있는 젊은 의사들의 승리라고 생각합니다. 여러분의 명예로운 혁명이 이들을 주저앉게 만든 것입니다. 여러분에게는 아직 봄이 오지 않았지만, 이 추운 겨울에 이 멍청한 정부는 몰락하고 주저앉았습니다. 저는 이 혁명을 '화이트 코트 세레머니'에서 이름을 따서 '화이트 코트 레볼루션', 즉, '가운혁명'이라고 명명하고 싶습니다. 여러분은 여러분의 명예를 지키며 손에 피 한 방울 묻히지 않고 이 싸움을 이겨냈습니다. 윤석열 정부의 몰락은 인내로서 저항했던 여러분의 진정한 승리입니다. 정말 축하하고 기뻐해야 하는 순간이어야 하지만, 우리는 아직 기뻐할 수 없습니다. 그 이유는 무너져버린 의료현실 때문입니다. 전쟁의 폐허가 끔찍하듯이 정부가 짓밟은 의료시스템은 형편없이 무너져 있습니다. 하지만 이러한 현실은 우리가 앞으로 해야 할 것에 대한 각성으로 다가와야 합니다.

1942년 미드웨이 해전에서 일본에 대승을 거둔 미국은 2차 세계대전에서 연합국의 승리를 확신하면서도 냉정하게 전쟁 이후를 생각했습니다.

그리고 다음 해에 영국, 소련과 함께 카이로 회담을 개최하면서, 전쟁 이후의 세계에 대해서 논의하였습니다. 2차 세계대전은 1945년에 끝났지만, 1943년에 이미 전쟁 이후를 생각하고 있었던 것입니다. 전쟁 이후 세계는 새로운 세계. 즉, 뉴노말을 맞이했습니다. 그리고 그 뉴노말은 전쟁 이전의 세계보다 눈부시게 발전하는 사회가 되었습니다.

여러분, 이 긴 싸움이 언제 끝날지 모릅니다. 짧게는 3개월, 길게는 1년을 더 버텨야 할지 모릅니다. 하지만 언젠가는 끝날 것입니다. 그리고 이전의 의료체제로 돌아갈 수 없음을 우리가 모두 알지 않습니까? 이제 우리는 새로운 의료, 즉, 뉴노말을 맞이해야 합니다. 그 미래의 선봉에 여러분이 서야 합니다. 이제 더 이상 음지에 숨어있지 마시기를 바랍니다. 우리는 양지로 나와서 의료의 뉴노말을 이야기해야 합니다. 건전한 토론을 통해 발전된 미래의 의료사회를 하나, 둘씩 만들어가야 합니다.

세계 최고의 의료시스템이 유지되었던 것은 젊은 의사들의 희생 위에서 만들어졌던 것입니다. 선배님들의 희생 위에 후배들의 희생이 쌓여서 만들어진 시스템입니다. 여러분들이 사직이라는 희생을 통해 이루어낸 '가운혁명'의 전리품은 여러분이 가져가셔야 합니다. 어떻게 하면 하나의 목소리를 만들어갈지, 지금부터 천천히 적극적으로 만들어 나가시기를 바랍니다. 오늘 여기에 모인 여러분들의 선배님들께서, 여러분들의 부모님께서 응원해 주시지 않겠습니까? 다시는 공공재로 살아가지 않는, 노예처럼 살아가지 않는 그런 세상을 만들어가시기를 바랍니다.

다시 한번, 여러분의 승리를 축하드립니다.

4장

대한민국 의료의 청사진

1. 정책 기조

—정치인의 패러다임과 프레임에서 벗어나자

1 　　　　　　　　—왜 의료시스템은 정부가 바뀔 때마다 두들겨 맞는가?

정부가 바뀔 때마다 의대 정원의 문제는 늘 화두에 올랐다. 대부분은 정부가 제안하고 의료계는 정부의 제안을 반대하는 것이었다. 늘 시스템을 바꾸고자 하는 것은 정부였고, 방어하는 것은 의료계였다. 왜 그럴까? 왜 몽둥이는 정부가 먼저 들고, 의료계는 두들겨 맞기만 하는 것일까? 그것은 정부에는 정치가 있고 의료계에는 정치가 없기 때문이다.

대부분 정치라고 말하면 권력을 쥐는 것만 생각한다. 갈등하고 싸우고…

그게 대한민국의 정치인들이 보여준 정치였기 때문이다. 정치의 본질은 사회 내 다양한 구성원들이 자원을 분배하고, 갈등을 해결하며, 공동체의 목표를 설정하기 위해 행하는 활동이다. 정치 행위가 권력과 의사결정을 중심으로 이루어지기 때문에, 서로 권력을 가지려고 갈등을 일으킨다. 정치의 주요 목적이 사회 질서를 유지하며 다양한 의견과 이해관계를 조정하는 데 있다는 사실을 간과할 때, 정치인은 자신의 권력을 자신의 의견과 자신의 이익을 실현하는 데 쓴다.

대한민국은 양당정치를 하고 있다. 모두가 인정하지는 않지만, 진보를 대표하는 민주당과 보수를 대표하는 국민의 힘이 있다. 정당은 이념을 같이하는 사람들이 정권을 획득하여 그들의 정치적 이념과 정책을 구현하기 위한 정치적 조직체라고 할 수 있다. 즉, 이념과 정책 구현이 목표이고 정권 획득은 수단이다. 하지만, 정권 획득을 하지 않으면 자신들의 정책 구현이 어렵다 보니, 정권 획득을 위해서는 자신의 이념과 정책 구현을 헌신짝처럼 버려버렸다.

정당의 지도자들은 정치철학과 비전이 없고 오직 당권과 정권에 집착하는 자세를 가지고 있다. 타당성 있고 차별성이 있는 정치이념이나 정책 공약을 개발하고 그것을 실천함으로 국민의 지지를 받아 정권을 획득하는 것이 아니라, 오로지 정권을 획득하여 자신의 욕망을 이루려는 사람들이 정당의 지도자가 되는 메커니즘을 가지고 있다. 그래서 국가의 재정과 미래가 어떻게 되든지 말든지 국민에게 퍼주고 인기를 얻는 정책을 경쟁적으로 내고, 정권을 잡게 되면 자신들이 하고 싶은 정책을 펼치는 것을 반복해 왔다. 그 결과, 양당 체제라고 하지만, 정책을 보면 오로지 표를 얻기 위한 인기 영합 정책은 동일하다. 그러므로 자꾸 인물에게 의존하는 선거를 치러 왔다.

　인물 중심적인 정치체제가 공고히 되면서, 대한민국의 정당은 거의 사당화가 되었다. 권력을 쥔 자가 모든 것을 쥐는 형국이 되었고 정책과 공약 중심의 선거보다는 특정 지역과 특정 인물을 중심으로 투표하는 성향이 점점 더 고착화되었다.

　의료정책은 정치인들에게는 늘 만지작거리고 싶은 정치도구이다. 돈을 안 들이면서도 국민에게 생명을 제공하는 정책, 이 얼마나 매력적인가? 그동안의 의료는 복지 제도 안에서 값싸고, 신속하고, 질 좋은 서비스를 제공하면서 국민에게 엄청난 혜택을 주었다. 하지만 의료를 공급하는 의료인들은 박리다매의 구조 속에서 극한의 노동을 해야만 했다. 국민의 복지를 위해서 원가 이하의 의료수가를 유지하였기 때문에 의사들은 수익 창출을 위해서 다양한 편법을 써서 수익을 유지해야만 했다. 처음에는 편법이라고 눈감아 주던 것이 점점 불법화되었고, 사회적인 여론은 의사들을 점점 더 야박한 시선으로 바라보기 시작했다. 정부를 믿고 사회를 믿으며 묵묵히 일해왔던 의사들은 정권이 바뀔 때마다 우왕좌왕하는 정치인들에게 두들겨 맞으면서도 자신의 길을 지키기 위해서 저항하는 것만이 유일한 행동이었다. 정치인들이 권력을 잡기 위해 의료정책을 건드리는 동안 의료는 점점 무너졌다. 방어만 하던 의료는 지쳐갔다. 도대체 언제까지 정부는 두들겨 패고 의료는 늘 피하고 방어만 해야 하는가? 방어만 하는 경기는 재미가 없다. 의료계는 대한민국의 의료보험제도가 생긴 이래로 늘 재미없는 경기를 해왔다. 그래서 지쳤고, 그래서 한국 의료의 시스템을 떠나는 선택을 하기도 했다.

　의료계가 이렇게 재미없는 경기를 하는 이유는 뭔가? 그것은 정치인들에게 정치이념과 정책 방향이 없기 때문이다. 그래서 권력을 쥐게 된 권력자들의 힘에 좌지우지되었다. 의료인은 자신들이 전문가이기 때문에 정치인도 전문가이기를 바랐을 것이다. 하지만 정치인들은 권력을 잡는 데에는 전문가였을지 모르지만, 정책을 시행하기에는 가장 아마추어 집단이었다. 그래서 전문가들이 구축해 놓은 모든 것을 '개혁'이라는 깃발 아래 모두 무너뜨려 버렸다.

기업가들이 무너지고, 변호사, 노무사, 세무사 등의 전문가들이 무너지고, 자영업자들이 무너졌다. 이제 전문가로서 남은 집단은 의료 부분이 유일하다. 그리고 그들은 끊임없이 엘리트 집단을 무너뜨린 힘으로 마지막 남은 엘리트 집단을 붕괴시키는 것이다.

국민은 아마추어 정치꾼들을 이대로 그냥 내버려두면, 나라가 붕괴할 것을 알아 버렸다. 그래서 더 정치에 참여하기 위해 개별적인 활동을 하기 시작했다. 정치를 논하는 유튜버들이 우후죽순으로 늘어나고 정치적인 커밍아웃을 하는 연예인들도 많아졌다.

의사들이 매우 바쁜 스케줄을 이행해야 하는 것은 십분이해가 된다. 하지만, 그동안 바쁨을 핑계로 정말 소중한 것을 놓치고 있었다. 환자들의 삶을 살리기 위해서는 큰 노력을 했지만, 정작 자신들의 삶인 의사로서의 인권과 권리를 위한 정치를 하지 않았다. 그래서 정치인들은 의사들에게 주 52시간을 적용하지 않으면서 파업할 권리도 사직할 권리도 다른 곳에 취업할 권리도 모두 박탈하였다. 심지어는 군대 마저 자신이 원하는 시기에 갈 수 없도록 제도화하였다.

이제 의사들도 정치를 해야 한다. 의사뿐만이 아니라, 모든 국민은 정치에 적극적으로 참여해야만 한다. 그래서 자신들의 권리를 더 획득해야 하며 자신의 삶을 더 개척해야 한다. 정치를 제외하고 경제, 사회, 문화는 홀로서기가 어렵다. 정치를 빼고 삶을 살아간다는 것은 목적지를 모른 채 기수에게 채찍질 당하며 달려가는 경주마 같은 삶을 살아가는 것이다. 주도적이지 못하고 무조건 앞만 보고 달리는 자신의 삶에 무슨 희망이 있겠는가?

2   ─대한민국의 의료는 어떻게 되었으면 좋겠습니까?

의료는 붕괴하기 시작했다. 어디까지 무너질지 아무도 모른다. 어디에서 멈출지도 모른다. 매일 매일 신문에는 의료개혁을 위해 뚜벅뚜벅 걸어가겠다는 답답한 기사만 나온다. 언제 끝날지 어떻게 끝날지 예상할 수 있지만, 아무도 그 끝을 알 수는 없다. 다만, 무너지고 있는 한국의 의료가 안타까울 뿐이다. 그리고 의사들은 아무것도 할 수 없다. 국가의 권력은 그렇게 강한 것이다.

권력을 보수당이 잡든 진보당이 잡든 의사의 편은 없다는 것을 이번 의료 붕괴를 통해서 절실히 깨달았다. 그렇다고 해서 계속 당할 수만은 없다. 건물이 붕괴할 때는 피하는 것이 제일 중요하지만, 피하면서도 늘 그다음을 생각해야 한다. 무너진 의료를 어디부터 세울 것인가? 어떻게 세울 것인가?

의사들에게 물어보면, 의견이 뭉쳐지지 않는다고 말한다. 왜냐하면 내과, 외과, 산부인과, 소아청소년과, 응급의학과, 안과, 피부과, 성형외과, 이비인후과, 신경과, 신경외과, 정신의학과 등 자신이 일하는 곳에서 바라볼 때 일치되는 관점이 불가능하기 때문이다.

자기 일이 전문적으로 될수록 시야는 더 깊어지지만, 더 좁아진다. 그래서 전문적인 영역에 들어가기 전에 시야가 넓을 때, 삶의 방향성을 정해 놓는 것이 중요하다. 삶의 영역이 확고해진 상황에서 삶의 방향을 찾게 되면 자신의 전문적인 영역을 통해서 사회를 바라볼 수밖에 없게 된다.

초등학교부터 고등학교까지 모범생으로 살았던 의사의 삶, 모든 것을 공부에 올인했다. 그렇게 어렵게 의대에 입학하고는 가장 어려운 공부를 쉴 새 없이 하며 유급을 걱정하고 오로지 의사가 되어야 한다는 신념으로 다른 분야에 관한 생각을 미루어두고 산다. 그리고 어느 정도 실력이 쌓이고 경력이 쌓이면, 마음에 여유가 생긴다. 그리고 그동안 미루었던 모든 것들을 다시 돌아보게 된다. 나는 누구인가? 내가 속한 공동체가 무엇인가? 의사라는 직업까지, 작은 곳에서 큰 곳으로의 시야가 넓어진다. 그러면서 세상을 바라보는 눈이 생기게 된다.

큰 그림이 없는 상태에서 작은 시야로부터 큰 곳을 바라보게 되면 상당히 많은 부분을 놓치게 된다. 특히 진입장벽이 높은 의료분야는 다른 사람들이 이해하기가 힘들기 때문에 의료인의 언어를 일반인들이 이해하기는 쉽지 않다. 의료만 놓고 보아도 일반인들이 접근하기 힘든데, 전문 분야로 갈라진 의견을 수용한다는 것은 불가능하다.

그래서 정치적인 시야는 넓을 때부터 가져야 한다. 이러한 정치적인 시야를 '정책 기조Policy Paradigm'라고 한다. 직역하면 정치적인 패러다임이다. 그래서 삶의 방향에는 정치적인 패러다임을 가져야 한다. 패러다임이라고 하는 것을 정확하게 해석하는 우리나라의 단어는 없다. 사전적인 정의를 하자면, '한 시대 사람들의 견해나 사고를 근본적으로 규정하고 있는 인식의 체계'라고 한다. 정치적인 패러다임은 결국 사람들이 사회를 바라보는 이데올로기와 정책 방향을 결정하는 틀이라고 볼 수 있다. 따라서 어떤 패러다임을 다르게 가지면 같은 사회를 살아가도 다른 시각으로 보게 만드는 것이다. 패러다임을 잘 정리하게 되면 나라는 정책의 방향이 결정되고, 개인이 패러다임을 잘 정리하게 되면 삶의 방향이 결정된다.

정책 기조는 '이상 가치' '상위목적' '계획 목표' '정책 행동'이 있다. '이상 가치'란 현실에서는 불가능할 수 있지만, 끊임없이 추구해야 하는 궁극적인 목표이다. '상위목적'은 장래에 달성할 수 있는 목표로 정책 행동의 기반이 된다. '계획 목표'는 상위목적을 조금 더 쪼갠 것으로 대통령 임기 등 일정 기간에 달성이 가능한 목표이다. '정책 행동'은 그때그때 결정되는 정부의 정책이다. 이상 가치가 없으면 상위목적도 존재할 수 없고 계획 목표는 무의미하며 정책 행동에만 집중하게 된다. 그동안 의료계는 정책 행동에만 집중해서 대응했을 뿐이다. 어떤 의도로 정부가 정책을 펼치는지, 그 속에 있는 숨은 의도가 무엇인지는 모르고, 그저 그들이 짜놓은 판에서 정책 행동에만 집중하여 좌지우지해온 것이다.

의료계의 정책 기조가 필요하다. 즉, 의료의 이상향에 대해서 한번 정리를 해야 한다. 불가능할 수도 있다. 하지만 끊임없이 추구해야 하는 이상향은 마치 북극성과 같은 나침반 역할을 하게 된다. 이상의 가치가 없는 조직은 늘 방향성 잃은 배처럼 망망대해에 놓인 느낌을 가져가게 된다. 그래서 이번 의료사태를 통해 윤석열 정권과 문재인 정권의 의료정책 기조를 분석해 보고, 의료인이 가져야 할 정책 기조에 대해서 논의해 보고자 한다.

문재인 정권의 정책 기조는 너무 명확하다. 그들의 이상 가치는 '공공의료'. 나라가 모든 의료를 책임지는 것은 불가능하지만, 돈이 생기고 여력이 생긴다면 이들의 의료 방향은 '공공의료'로 갈 것이다. 유럽의 많은 국가가 '사회주의 시스템'으로 의료를 운영하고 있고, 특히 영국이나 캐나다의 경우에는 공공의료가 거의 완성이 되었다고 볼 수 있다.

　김용익 사단이라고 하는 거대한 의료정책을 주도하는 자들에 의해서 대한민국의 의료는 상당히 공공의료에 가까운 운영을 한 것이 사실이다. 각종 의료원을 설립하고 그 의료원을 바탕으로 공공의료를 하게 만드는 것을 이상향으로 세웠다.

　공공의료라는 이상 가치를 따라서 만들어지는 상위목적은 지역 의사를 배출하는 시스템이다. 그래서 지역 의사제 등을 통해 의료 취약지역에서 10년간 의무복무 하는 제도를 완성하기 위해서 '지역 의사 양성을 위한 법률안'과 '국립공공보건의료대학 설립 운영에 관한 법안'을 만들어 통과시키기 위해 호시탐탐 노리는 것이다.

　결국은 의대 정원을 증가시키는 방향만 다를 뿐이지, 늘어난 의대 정원을 '지역 의사를 배출하는 의대를 설립하는 것'이 '계획 목표'이다. 그리고 그 '정책 행동'은 '의대 정원 400명 증가'로 발현된다. 의료인들은 정책이나 입법이 되었을 때만 대응하게 된다. 즉, '계획 목표'나 '정책 행동'에서의 다툼만 있을 뿐이다. 이미 공공의료라는 패러다임 속에서 증원의 문제를 논의하게 되니, 국민을 설득하려고 해도 의사들에게 명분이 서지 않는 것이다. 파업이나 투쟁 등으로 2020년 증원은 막았지만, 언제든지 민주당이 정권을 잡게 되면 공공의료는 또다시 논쟁의 화두에 서게 될 것이고, 의대 증원 카드를 또 만지작거리게 될 것이다.

의료계는 민주당에서 이야기하는 '공공의료'라는 이상 가치를 무너뜨릴 수 있는 패러다임의 전환을 제시해야 한다. '공공의료'라는 명분을 뛰어넘는 이상 가치를 내세우지 못하면, 자잘한 전투에서는 대응할 수 있을지는 몰라도, 큰 흐름에서는 점점 지는 싸움을 하게 되는 것이다.

현재 영국의 공공의료는 치료를 받기 위해 대기하는 문화이다. 수술을 받기 위해서는 18개월 이상 대기하는 사례도 있으며, 공공의료의 방만한 경영과 비효율로 인해서 영국 국민 건강서비스 NHS(National Health Service)는 파산 위기에 처해 있다.

4 ─ 윤석열 정권(우파)의 의료정책 기조

윤석열 대통령은 검사 시절 문재인 정권의 하수인으로서 보수 인사들을 무자비하게 때려잡으면서 비상하였다. 조국 사태에 있어서 문재인 정권과 맞지 않는 부분에 반발하면서, 국민의 힘으로 넘어왔고 결국 대통령의 자리에 앉게 되었다.

사실 의료대란이 1년 가까이 진행되면서도 도대체 왜, 우파의 정권이라고 하는 국민의 힘이 권력을 가졌는데, 좌파가 원하는 의대 정원을 400명, 500명 수준이 아닌 2,000명 수준에서 시작했는지 이해하지 못했다. 그런데 2025년 1월 9일 정부 의료개혁 특별위원회의 발표는 이 정권의 필수의료 패키지(랄)의 궁극적인 목적을 드러나게 해 주었다.

실손보험 개편으로 인한 '의료쇼핑'을 막는다는 이유로 1,600만 명이 가입해 있는 1, 2세대 실손보험을 3, 4세대의 보험으로 갈아타게 한다는 것이 핵심 내용이다. 만약에 갈아타지 않게 된다면 법 개정을 통해서라도 강제로 이동시키겠다는 것이다.

이것은 명백한 개개인 간에 계약 위반이다. 하지만 우리나라는 이미 노동법이나 부동산법에서 개인 간의 계약 위에 정부의 법이 군림하고 있다. 그래서 이런 생각이 쉽지 않았나 하는 생각을 하게 된다.

아무튼 이것에 국민은 상당히 반발하였지만, 12·3 계엄령 탓에 탄핵당한 대통령에게 모든 이슈가 주목되면서 의료정책은 자연스럽게 여론의 관심에서 벗어나 버렸다.

하지만 의료계가 얻은 소득은 국민의 힘의 정책 행동조차 의사들을 위한 정책이 아님을 알게 되었다는 것이다. 왜냐하면, 이들이 원하는 이상 가치는 결국 '기업에 의한 의료민영화'인 것이다. 건강보험이 적자가 나고 기능을 잃으면 결국 기업에 의한 의료민영화가 이뤄지는 것이다.

'기업에 의한 의료민영화'가 이상 가치라면 그다음의 상위 목표는 '다수의 전공의 배출'이다. 대형 병원에서 일할 전공의를 많이 배출해서 값싼 전공의의 노동력을 확보한다면, 기업형 대형 병원을 우후죽순으로 오픈할 수 있다. 이미 상급종합병원의 분원계획은 2028년까지 6,600병상을 더 만드는 것으로 계획되어 있다. 그래서 수도권대학을 운영해 나갈 인재를 더 뽑기 위해서 필수의료 패키지(랄)라는 계획 목표를 만들어냈고, 5년간 1만 명의 전공의를 배출하기 위해서 매년 2,000명이라는 의대 증원을 정책 행동으로 하게 된 것이다.

이것은 지금 미국의 의료가 가고 있는 길이다. 보험회사들의 주도 아래

각당의 의료정책 기조

	민주당	국민의 힘
정책 기조	사회주의 의료시스템	시장경제로 돌아가는 의료
이상 가치	공공의료	기업주도의 병원설립
상위 목적	지역 의사를 배출	다수의 전공의 배출
계획 목표	공공의대 설립	필수의료 패키지(랄)
정책 행동	의대 증원 400명	의대 증원 2,000명

건강보험이 운영되고 있기 때문에 모든 의료시스템에 보험회사가 관여하고 있다. 그래서 보험에 들지 않은 사람들은 상당히 큰 의료비를 지급해야 한다.

　배우 안재욱은 미국에서 지주막하출혈로 수술을 받은 후, 약 5억 원을 지불했다. 이러한 미국의 시스템은 결국 12월 4일 보험금 미지급으로 악명 높은 유나이티드 헬스 그룹 산하 보험사인 유나이티드 헬스케어의 CEO인 브라이언 톰슨이 뉴욕시 맨해튼 시내의 호텔 앞에서 살해당하는 사건을 가져오게 되었다.

좌우를 떠나서 정치인들은 의사와 환자에게 관심이 없다. 필자의 통찰로 보건대, 공공의료의 본질적인 목표는 의료노조를 위한 병원의 설립이다. 계약직 의사는 명분에 불과하고 정규직인 의료노조가 힘을 가지게 된다. 또, 기업에 의한 민영화의 본질적인 목표는 거대자본을 위한 병원의 설립이다. 여기에는 의사의 복지나 인권은 없다. 환자를 위한 더 좋은 의료서비스는 생각하지 않는다. 왜냐하면 실무자인 의사는 정책을 하지 않기 때문이다. 이제 의사들이 의사들을 위한 정책을 제안하지 않으면, 어느 누구도 의료를 의사와 환자의 관점에서 바라보지 않는다.

2. 대한민국 의료의
개혁은 필요한가?

1   —그놈의 OECD 회원국! 평균!

의료는 사회의 중요한 부분이다. 그래서 늘 의료인에게는 희생과 사명감
이 강조된다. 의료의 개혁은 필요한가? 필요하지 않다. 왜냐하면 최고의
의료였기 때문이다. 물론 늘 개선은 필요하다. 하지만 개선보다는 개혁이
라는 것이 멋져 보이기는 하다. 뭔가 큰일을 해낸 것 같지 않은가? 거기
에 국민은 열광하고, 의료는 무너지고, 또 다른 정권이 등장하면 또 개혁
하고 국민은 열광하고, 의료는 또 무너진다. 이러한 악순환은 계속됐고
현재도 계속되고 있고 앞으로도 계속될 것이다.

이번이 지나고 나면 어떻게 준비할 것인가? 의사들은 이 물음에 답해야 한다. 그렇지 않으면 대한민국 의료는 지금보다 더 무너질 것이다.

대한민국은 6·25 전쟁을 겪고 폐허에서 시작되었지만, 세계가 놀랄만한 발전을 통해서 선진국 반열에 올랐다. 우리나라의 광복은 독립운동가들에 의해서 이루어진 것이 아니다. 2차 세계대전을 종식한 것은 미국, 영국, 중화민국(현재의 대만)이다. 카이로선언을 통하여 한국을 독립시키기로 논하였고, 이 선언에 따라서 한국은 독립국가로서의 길을 걸을 수 있었다.

1939년부터 시작된 일본과 연합군의 태평양전쟁은 미국이 일본에 원자폭탄을 투하하고 일본이 항복함으로 끝났다. 결국 2차 세계대전이 끝나고 1945년 10월 24일에 UN이 창설되었다. UN은 일본에서 독립하는 많은 국가를 건국하도록 도왔다. UN은 식민지에 문명의 시스템을 이식하려고 했다. 헌법을 갖추도록 했고 입법부, 사법부, 행정부가 분리되도록 가이드를 해주었다. 그렇게 많은 국가가 독립하였지만, 오직 대한민국만이 국제사회에 빨리 적응하였고 '한강의 기적'이라는 찬사를 받으며 눈부신 발전을 하였다.

근대화에 실패해서 일본의 식민지로 전락했던 조선이, 어떻게 지금의 대한민국이 되었을까? 일본으로부터 광복했기 때문일까? 문명을 익히고 습관화하는 것은 뼈를 깎는 아픔이 있어야 한다. 일제의 식민지를 피해서 다른 나라로 유학을 떠났던 젊은이들은 선진문명을 경험하였고, 그 경험은 새로운 나라를 건국할 때 많은 도움을 주었다. 그들이 한국 문명의 선도자였고 시대의 엘리트 집단이었다.

그들은 리더십을 바탕으로 대한민국을 이끌었고, 폐허가 된 나라를 바라보며 "다시는 이런 가난을 자식에게 물려줄 수 없다."라고 외치며 정말 열심히 살았다. 그것이 우리나라의 신념이 되었고, 대한민국의 스피릿이 되었다. 그러한 국민 정서는 대한민국을 국제 질서에 맞게 성장되도록 만들었다.

"잘살아보세"라는 구호 아래 시작된 새마을 운동의 성공은 '가난을 대물림할 수 없다'라는 마음을 가진 국민의 염원이 이루어낸 기적이었다. 새마을 운동의 성공을 보고 자신의 나라에 이식했던 대부분의 나라들이 우리나라와 같은 성공을 가져갈 수 없었던 것은 건국부터 염원해 왔던 가난으로부터 탈출하겠다는 이데올로기가 없었기 때문이다.

먹을 게 없어서 칡뿌리를 뜯어 먹고, 똥구멍이 찢어지는 가난함을 경험했던 어른들이 그 지긋지긋한 가난을 자식에게 물려주지 않으려고 파독 간호사와 광부로, 베트남 전쟁터로, 뙤약볕의 중동 건설 현장으로 자신을 희생하며 떠났다.

사상에 깊이는 없었을지 모르지만, 대한민국은 다음 세대를 위해서 자신을 희생하는 사랑을 바탕으로 하는 사상 위에서 발전된 문명을 이룩한 것에는 틀림이 없다.

경제는 눈부시게 성장하였지만, 사상의 성장은 더디었다. 1948년에 건국된 대한민국은 40년 만에 올림픽을 개최하였고 1995년에는 1인당 GDP 1만 달러를 넘고 OECD에 가입신청서를 제출하였으며 1996년에는 OECD에 가입하기도 했다. 하지만 갑작스러운 성장은 많은 아픔을 낳았다. 4·19, 5·16, 10·26, 12·12를 경험하였다. 6월 항쟁과 6·29선언을 통해서 민주주의를 이룩하였지만, 미성숙했던 1997년에는 IMF 혼란의 시기를 겪으면서 많은 제도와 시스템이 바뀌었다. 경제적으로는 처음 맞는 어려움이었고 국민은 그 시기를 잘 견디어 냈다. 하지만 그렇게 많은 터널을 지나면서 그 의미를 정리하지 않았다.

근대화를 지나온 많은 국가는 자신들의 경제성장에 맞는 사상의 성장이 있었다. 왜 성장했는지, 무엇이 성장했는지에 대해 끊임없이 자기 성찰을 하였고, 그 성찰의 집합이 이데올로기가 되었다. 르네상스와 종교개혁을 통해서 정립된 선진국들의 여러 가지 사상들은 자국의 영토에 대한 배타적인 주권을 인정하고 구교와 신교는 더 이상 간섭하지 않는다는 베스트팔렌 조약으로 시작해 각종 계약과 선언과 선포를 통해서 정립되었다. 그 이면에는 많은 사람들의 생각이 정리되어 사상이 되었고, 여러 가지 사건과 사고를 통해서 증명해 왔다. 1648년에 체결된 베스트팔렌 조약 이후로 국민국가라고 번역되는 '네이션 국가Nation State'가 탄생해 500년 가까이 성장하면서 각 국가만의 네이션이 구축되었다.

반면 식민지로 지냈거나 문명이 발달에서 뒤처진 후진국들엔 그런 네이션의 개념은 형성되지도 않았다. 특히, 일제 식민지였던 조선에서는 네이션의 개념은 거의 없었다고 생각이 된다. 그저 중국에서 넘어온 유교나 인도에서 넘어온 불교의 바탕 위에서 만들어진 신정일치의 사회가 조선이었다.

일제 강점기 이후 조선을 벗어버리고 국제 기준에 맞추어 탄생하여 글로벌 경제 속에서 성장한 대한민국은 몸집만 커진 어린아이와 같았다. 경제는 많은 성장을 했지만, 이데올로기가 정립되지 않았다. 탄생 때부터 선진국의 시스템을 모방하며 성장했던 대한민국은 무엇인가 새로운 것을 시작할 때, 늘 OECD 회원국의 평균을 기준으로 하게 되었다.

경제는 어느덧 무럭무럭 성장하여, 2018년에는 GDP 순위 10위에 진입하였다. 현재는 2022년 13위에 이어 2023년에 14위로 추락했지만, 아직은 우리나라가 세계의 선두에 있다는 것만은 확실하다. 경제로는 세계의 선두에 있는 나라가 아직도 제도하나 만들기 위해서는 OECD 평균 타령을 한다는 현실은, 몸집만 커지고 아직 성숙하지 못한 어린아이를 보는 것 같다. 이제 OCED 평균을 보지 말고, 독자적인 제도를 만들 수 있는 성숙한 사상이 정립되어야 한다.

아마추어 정부가 의료개혁이라고 하면서도 OECD 평균 타령하며 만든 의료 붕괴의 근본적인 이유가 근본적인 사상과 이데올로기의 부재가 아닐까?

2   ─무엇이 제도와 시스템을 발전시키는가?

커피하우스

근대화를 거치면서 많은 제도와 시스템이 발전하였다. 하지만, 제도가 정립되고 발전하는 것은 사적인 영역에서 시작하였다. 대항해 시대에 해가 지지 않는 나라의 영국의 모든 제도는 '커피하우스'에서 시작되었다. 1950년에 옥스퍼드에서 최초로 문을 열었던 커피하우스는 1714년에는 8,000여 개에 이르며 절정을 맞이하였다. 커피하우스에서는 사설 신문사, 사설 우체국, 주식 거래소, 보험, 저널리즘과 광고 등 다양한 근대화 문명이 생겨났다.

귀족이든 평민이든 돈만 내면 들어가 자유롭게 이야기할 수 있는 특이한 장소였다. 이곳에서는 유명한 사람이라고 자리를 양보하지도 않았다. 자신의 취향과 같은 사람끼리 정치와 경제, 문학과 예술을 논할 수 있었

다. 글자를 읽지 못하는 사람들은 커피하우스에 가서 정보를 얻을 수 있었다. 인쇄술의 발달로 발행된 신문은 커피하우스에 비치되어 돌려보는 시스템이 되었고 또 정부의 공고를 읽을 수도 있었다. 이런 것이 바탕이 되어 커피하우스를 중심으로 저널리즘과 광고는 발전할 수 있게 된 것이다.

편지를 교환하는 우체국의 역할도 하였다. 신문 배달도 개개인에게 배달되지 않았듯이 편지도 개개인에게 배달되는 시스템이 구축되지 않았을 때, 커피는 우체국의 역할을 했다. 외국으로 보내는 우편조차도 커피하우스에서 모아서 출항하기도 했다.

이렇게 커피하우스는 다양한 정보를 교환하는 곳이었다. 로이드 커피하우스는 모험가들의 항해에 돈을 걸고 있던 투자자나 다음 성공을 노리는 선주, 선원들이 모여서 항해 정보, 배의 입·출항, 매매 정보를 주고받았다. 이 정보는 1969년 로이즈 리스트로 정리되었고 이 리스트를 바탕으로 투자자들이 해상보험을 매매하기 시작하였다. 이러한 정보들을 바탕으로 로이즈 커피하우스는 유명해졌고 오늘날 세계 최대의 보험회사인 '로이즈 런던Lloyd's of London'이 되었다.

값싼 커피 한잔을 통해서 많은 정보를 얻을 수 있었던 커피하우스는 '1페니 대학교Penny Universities'라는 별명을 얻으며 다양한 지식을 배출하였다. 주간지 '태틀러The Tatler'와 '스펙테이터Spectator' 같은 언론지도 모두 커피하우스에서 탄생했다. 애덤스미스의 국부론도 커피하우스에서 미리 배포되고 내용을 평가받았다. 뉴턴의 '만유인력의 법칙' 또한 커피하우스에서 논의 되었다. 학회에 나가 논문발표를 하고 피드백을 받듯, 과거의 커피하우스가 오늘날 학회의 기능을 담당했던 것이다.

영국은행과 미국의 연방준비위원회

이렇게 문명의 모든 기능은 사설업체였던 커피하우스에서 시작된 것이다. 영국의 금융도 처음에는 모두 사설 업체였다. 심지어 '영국은행Bank of England' 조차도 민간 특허 은행으로 설립되었다. 발권 권한을 지니고 있던 영국은행은 2차 세계대전까지 사설은행으로 유지되다가 1946년 집권한 노동당 정부(큰 정부를 지향하던)에 의해 국유화되었다. 사실상 영국의 몰락은 이때부터라고 생각된다.

미국의 연방준비제도(FED)의 연방준비은행(FRB)은 민간상업은행들이 소유하고 있는 사실상 사립은행이다. 대통령이 임명하고 상원이 승인한 이사 7명으로 이루어진 연방준비이사회에 의해 운영된다. 가장 중요한 기능인 미국 달러의 발행을 맡고 있지만, 정부로부터 철저한 독립성을 보장받고 있다.

세계 패권의 기축통화 시스템이 정부로부터 철저한 독립을 보장받는 사립은행이라는 사실은 우리에게 의미심장한 메시지를 준다.

한국의학교육평가원

우리나라 의료의 시작도 사설업체에서 시작되었다. 제중원의 경우도 1885년 미국 선교사 알렌이 설립한 우리나라 최초의 서양식 병원인 '광혜원'에서 시작하였다. '한국의학교육평가원'의 경우도 1998년 설립한 한국의과대학 인정평가위원회가 발전한 재단법인이다. 의과대학 인증평가는 의과대학이 우후죽순처럼 신설되던 어려운 시기에 처음 시작되었다. 열악한 환경 속에서도 의학교육의 미래를 걱정하시던 여러 교수님의 헌신과 노력으로 인증평가 사업이 시작될 수 있었다. 무리한 정부의 의과대학 신설이 품질을 유지하면서 발전할 수 있었던 것은 의평원의 대학인증평가로 인해 의료교육의 품질을 유지할 수 있었기 때문이다.

2014년에는 교육부의 고등교육 프로그램 평가 인증기관으로 지정받았고, 2016년에는 세계의학교육 연합회로부터 의과대학 평가인증기관으로 인정을 받았다. 의평원의 평가인증활동이 '국제표준'에 맞춰 진행되고 있기 때문이다.

만약에 대학인증평가가 정부의 주도하에 이루어졌다면, 전문적인 의료교육의 품질보다는 권력 앞에서 명분 적합성 여부를 따졌을 것이다. 하지만, 사설 기관으로 출범하여 권력의 명분 보다는 실질적인 교육에 초점을 맞추었기 때문에 높은 기준의 평가를 유지할 수 있었다.

이번 의료개혁을 통해서 의평원의 독립성과 자율성을 무력화시키려는 교육부의 시도는 권력의 입맛에 따라 좌지우지되는 공공기관의 한계를 보여주었다. 소비자를 보는 곳이 제도와 시스템을 늘 발전시켜 왔고, 권력자들은 발전된 시스템을 늘 붕괴시켰다.

3 ─국가의 권력은 어떻게 민간에게 넘어갔는가?

신정 분리 ─ 로마의 기독교 국교령

서양과 동양의 근본적인 차이는 종교와 정치의 관계에 있다. 서양은 일찍부터 종교와 정치가 분리되었었다. 280년에 혼란했던 로마를 평정하고 질서를 세운 사람은 디오클레티아누스였다. 넓은 영토를 질서 있게 통치하기 위해서 사두정치를 시작했다. 그리고 자신의 권위를 인정하지 않는 기독교인들을 박해하였다. 7년간의 기독교의 대박해가 끝나고 사두정치는 분열되었으나, 기독교 세력을 옹호하는 콘스탄티누스 1세에 의해서 다시 통일되었다. 그리고 380년 로마는 기독교를 국교로 선포하였다.

황제는 신이 아니게 되었다. 475년에 서로마는 멸망하였지만, 국민은 멸망하지 않고 주변의 게르만족들도 이미 기독교를 믿고 있었기 때문에 로마 교주의 권위를 인정하였다. 그리고 봉건제가 시작되었다. 봉건제 기간 동안 겉으로 보기에는 왕위 계승의 문제를 가지고 지속적으로 다투었지만, 근본적으로 종교의 견제로 인한 국왕과 교황 간의 권력 싸움이 내재적으로 계속됐다.

신성로마제국의 하인리히 4세가 교황 그레고리오 7세에게 파문당하고 카노사성으로 가서 용서를 구한 카노사의 굴욕 사건(1077년)을 통해 교황권은 절정을 맞이하였다. 그 이후 교황권은 십자군 전쟁(1095~1291)에 실패함으로 점점 쇠퇴하기 시작하였고 로마에 위치했던 교황청은 신성로마제국에 의해 강제로 프랑스 남부 아비뇽으로 옮겨진 아비뇽 유수 사건(1309~1377)에 이르러 교황의 권위가 곤두박질치게 되었다.

그리고 서방교회의 대분열(1378~1417)과 마녀사냥, 종교재판 등으로 교황의 권위가 떨어지면서 종교개혁으로 시작된 30년 전쟁을 통해 베스트팔렌 조약을 맺음으로 종교에 대한 자유를 선언함으로써 중세 시대를 마감하게 되었다.

동양에서는 유교나, 불교 등 다양한 종교가 있었고 국교가 되기도 했지만, 왕권을 강화하기 위한 수단으로 쓰였을 뿐 신정 분리는 일어나지 않았다. 종교와 정치가 분리되면서 사적인 이익을 추구했던 대항해 시대가 유럽에서 시작되었다. 그동안은 동양의 문명에 뒤처졌던 서양의 문명이 역전할 수 있었던 것은 시민들이 왕으로부터 정신적인 해방이 되어 사적인 욕망을 충족시킬 수 있었던 사회로 발전했기 때문이었다.

영국의 명예혁명

앞에서 다루었지만, 영국의 명예혁명을 간단하게 정리하자면 이렇다. 대항해 시대에 영국은 엘리자베스 1세의 유산에 힘입어 근대사의 패권국이 되었다. 종교적 관용을 강조하고 국교회를 확립하여 종교적 화합을 이루며 해상무역을 장려해 영국의 경제를 부흥시키고 스페인의 무적함대를 격파하여 영국의 해상권을 확립했던 엘리자베스 1세의 뛰어난 리더십

덕분에 영국은 해가 지지 않는 황금기를 맞이하게 된 것이다. 엘리자베스 여왕이 죽고 즉위한 제임스 1세는 사치스러운 생활을 하면서 영국의 재정을 빠르게 소진하였다. 그는 의회와의 마찰은 있었어도 큰 대립은 없이 생을 마감하였다. 하지만, 그의 아들 찰스 1세가 왕위에 오르면서 갈등은 증폭되었고 스페인과 전쟁을 통해 재정이 고갈된 왕은 의회와 대립했고 결국 청교도 혁명으로 불리는 잉글랜드 내전으로 인해 왕의 권위는 추락하였다.

이후 올리버 크롬웰이 호국경이 되어 군사독재를 하였지만, 사망 이후 다시 찰스 2세에 의해서 왕정은 복고 되었다. 그리고 제임스 2세에게 계승된 왕권은 종교 문제로 시작하여 명예혁명으로 끝났고, 왕의 권위는 실추되었다. 그리고 윌리엄 3세와 메리 2세에 의해서 다시 세워진 영국은 '권리장전'을 통해서 다시는 가톨릭을 계승하는 왕이 나오지 않도록 제도를 확립하게 된다.

영국의 전성기에서 명예혁명 시기까지의 짧은 역사에서 우리가 얻어야 할 교훈은 명확하다. 국가가 재정이 있을 때는 폭정을 막을 수 없다. 하지만, 국가의 재정이 바닥이 나고 더 이상 정책이 정상적으로 이루어지지 않을 때는 반드시 갈등이 일어나게 마련이고 그 끝은 국민의 승리로 마무리되었다.

프랑스의 시민혁명

프랑스 또한 태양왕 루이 14세(1638~1715) 때 절대군주의 시대를 보내며 전성기를 보냈다. 하지만 루이 14세는 지방의 힘 있는 귀족들의 권력을 약화하기 위해서 베르사유 궁전에서 사치스러운 생활을 하도록 만들었다. 종교전쟁에서 승리하기도 했지만, 주변국들과 전쟁도 빈번하게 일어났다. 프랑스는 루이 14세의 왕권 강화 이후 37년을 전쟁 속에서 살아야 했다.

또 상업의 중심 세력이었던 위그노들을 탄압하고 1685년 퐁텐블로 칙령을 내려 위그노들의 모든 권리를 박탈하였다. 위그노 전쟁은 낭트칙령에 의해서 위그노들을 보호하는 것으로 끝났지만, 루이 14세의 낭트칙령 폐지 선언(퐁텐블로 칙령)으로 위그노들은 더 이상 프랑스에서 머무를 수 없었다. 20만 명의 위그노들은 프랑스를 떠나 영국과 네덜란드와 신대륙으로 떠났다.

이후 프랑스의 경제는 점점 하락하기 시작하였다. 그리고 루이 16세 때에 이르러서는 영국을 견제하기 위해 미국의 독립혁명에 과도한 군사비를 집행하여 재정 궁핍에 빠지게 되었다. 재정이 없던 왕실은 세금을 더 걷어야 했고, 이것은 프랑스 혁명을 일으키는 도화선으로 작용하게 되었다. 1789년에 일어난 프랑스 혁명으로 결국 왕실은 무너졌다.

영국의 명예혁명과 프랑스의 시민혁명은 보수우파의 혁명과 진보좌파의 혁명으로 대표되지만, 결국 기존의 절대권력이었던 왕의 권위를 무너뜨린 사건이다. 이 두 사건에서 볼 수 있는 것은 권력을 쥐기 위해서 재정을 방만하게 운영했던 왕실이 결국에는 국민에게 자신의 권력을 빼앗기게 되었다는 것이다.

4 ─건강보험의 재정고갈
: 이제 곧 의사들에게도 기회가 온다

건강보험이나 연금보험의 취지는 국민의 건강과 노후를 책임지겠다는 명분으로 만들어진 국가의 시스템이다. 하지만 연금보험은 이미 '국민 용돈'의 수준으로 전락하였고, 머지않아 고갈될 것으로 예측된다. 건강보험 또한 이미 적자에 들어섰으며(2025년), 5년 안에 건강보험 준비금이 고갈돼 파산에 이를 것이라는 예측도 있다. 정부가 당연지정제 이후로 상당히 많이 비축했었던 건강보험 준비금은 인기 영합을 위한 포퓰리즘 정책으로 무분별하게 뿌려졌다. 그 결과 지금 준비금은 바닥났고, 이제 급속도로 파산에 이르게 되었다.

근대화에서는 권력을 얻기 위해서 전쟁했고 권력을 지켰을지는 모르지만, 결국 재정의 파탄으로 인하여 국민의 저항을 맞이하게 되었다. 그 결과 법 위에서 무소불위 권력의 정점이었던 왕은 권력을 잃었고, 법 아래로 들어오는 결과를 맞이하였다. 오늘날도 다를 것이 없다. 권력을 얻기 위해 포퓰리즘 정책을 마구 남발하고, 자신의 표가 된다면 나라의 재정이 고갈되든지 말든지 관심이 없다. 그렇게 권력을 얻은 자들은 권력을 연장하기 위해서라면 남은 재정마저도 무분별하게 뿌려댄다. 그 결과 대한민국은 1,126조의 나랏빚을 가지고 있다. 이것은 GDP의 50%를 넘는다. 공무원, 군인연금까지 합하면 나랏빚은 2,439조이다. 이미 돌아올 수 없는 강을 건넜고, 재정의 고갈 속도는 점점 더 빨라지고 있다.

건강보험도 다를 게 없다. 일단 바닥이 보이기 시작하면 그때는 어떤 정책도 먹히지 않을 것이다. 그래서 의사들이 더 고민해야 하는 것이다. 건강보험이 고갈되는 것은 눈에 보이는 일이지만, 어느 누구도 그것에 대해서 고민을 하고 명확한 정책을 내놓지 않는다. 아직도 뿌릴 돈이 있다면, 그것은 권력을 유지하기 위한 포퓰리즘으로 갈 것도 명확하게 보인다.

결국 건강보험을 살릴 수 있는 방법은 현재 정치권에는 전무하다. 의사들을 대표하는 이주영 의원이나 안철수 의원처럼 소수의 국회의원이 이것을 해결할 수 있을까? 아니면 광화문에 나가서 시위한다고 정책이 바뀌기는 할 것인가? 아무도 관심이 없다. 의료가 제대로 성장하는 것에는 의사보다 더 진심인 사람은 존재하지 않는다. 그렇다면, 건강보험을 의사들이 인수하는 방법은 어떨까?

5   —건강보험을 의사들이 인수하는 것은 어떨까?
                    : 보험사들은 이미 준비 중이다

이미 2005년에 삼성생명 '민영보험 방향' 문건 논란이라는 기사를 통해서 우리는 민간 보험사가 어떤 전략을 가지고 준비하고 있는지 알고 있다. 그리고 삼성의 헬스케어 사업에 대해서도 이미 책자로 나와 있다. 그리고 정부는 점진적으로 그 계획에 맞추어 의료개혁이라는 명목 아래 정책을 진행하고 있다.

그러나 의사들이 이것을 안다고, 이것을 반대한다고 막을 수 있을 것인가? 깨부술 수 있을 것인가? 그럴 수는 없을 것이다. 그들은 이미 20년 이상 준비해 왔던 것이고, 의사들은 아직도 준비하지 못하고 있다. 왜 그

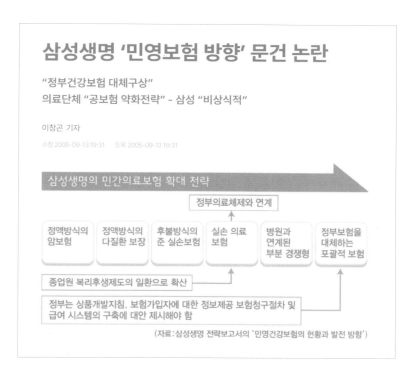

이창곤 기자

수정 2005-09-13 19:31   등록 2005-09-13 19:31

삼성생명 '민영보험 방향' 문건 논란

"정부건강보험 대체구상"
의료단체 "공보험 약화전략" – 삼성 "비상식적"

삼성생명의 민간의료보험 확대 전략

정부의료체제와 연계

| 정액방식의 암보험 | 정액방식의 다질환 보장 | 후불방식의 준 실손보험 | 실손 의료 보험 | 병원과 연계된 부분 경쟁형 | 정부보험을 대체하는 포괄적 보험 |

종업원 복리후생제도의 일환으로 확산

정부는 상품개발지침, 보험가입자에 대한 정보제공 보험청구절차 및 급여 시스템의 구축에 대안 제시해야 함

(자료:삼성생명 전략보고서의 '민영건강보험의 현황과 발전 방향')

럴까? 그들은 돈이 많기 때문인가? 그들은 하나로 뭉쳐있기 때문인가? 아니다. 그들은 염원이 있고, 의사들은 염원이 없기 때문이다.

그들은 정부 보험을 대처하는 포괄적인 보험을 가져가야 하는 목숨을 거는 행동을 하는 것이고, 의사들은 그렇게 하지 않아도 먹고사는 데 별 문제가 없었기 때문이다. 하지만 이제 민주당이 되든 국민의 힘이 되든 어떤 정당도 의사 편이 아닌 것을 안 이상 이대로 지켜만 볼 수는 없다.

물론 돈이 제일 중요하다. 하지만, 돈의 문제는 펀딩을 받을 수 있다. 의사들이 건강보험을 운영한다면, 보험사들보다 더 좋은 의료를 제공할

수 있기 때문이다. 의사들이 조금만 희생한다면, 국민적인 펀딩이 모이는 것은 어려운 일이 아니다. 하지만, 어떻게 국민에게 좋은 의료를 값싸게 제공할 수 있을지는 아무도 알 수 없다. 의사들만 알 수 있고 의사들만이 만들 수 있는 영역이다.

하지만, 의사들이 꿈꾸는 의료의 세계가 각자 다르고 또 일반인들이 의사들의 세상을 알지도 못한다. 과제는 많을 수 있지만, 그러한 목표가 생긴다면 반드시 답도 찾아낼 수 있다고 생각한다. 꿈꾸기도 전에 현실에 있는 장벽에만 집중한다면 아무것도 할 수 없다. 지금처럼 정부에게 공공재 취급을 받아 가며 그때그때 무력한 저항만 할 수 있을 뿐이다.

지금 현실은 응급실이 무너지고 있고 필수의료도 다 무너질 것이다. 이것은 무능한 정치인들의 미련한 야욕 때문에 시작된 것이다. 하지만 결국 이렇게 무너진 시스템과 제도를 다시 바로 세우는 것은 민간 영역에 있는 의사들이다.

무너진 집을 다시 짓는 가장 첫 번째는 어떤 집에 살고 싶은지 꿈을 꾸는 것이다. 어떻게 의료시스템이 구축되어야 의사는 의사로서 행복하고, 환자들은 환자로서 좋은 치료를 받을 수 있는지를 꿈꾸어야 한다. 꿈이 없으면 설계도가 나올 수 없고, 설계도가 없으면 집을 지을 수 없다.

그리고 설계도로 아직 만들지 못한 꿈을 실현하기 위해서 국민과 투자자들을 설득해야 한다. 멋진 설계도를 보고 현실 같은 조감도를 보아야 투자하고 싶은 생각이 들지 않겠는가? 언제까지 의료에 대해 아무것도 모르는 공무원들에게 의사들의 미래를 맡길 것인가? 결국에는 의사들이 제공하는 장밋빛 미래가 국민에게는 설득력 있게 다가오고, 그것을 마케팅하고 브랜딩해야 하는 의무가 의사들에게 있는 것이다.

무척 급해 보이고 방대해 보이지만, 아직 우리에게는 몇 년의 시간이 있다. 차근차근 자신들의 꿈을 꾸고 꿈을 이야기하고 구체화할 수 있는 시간이 얼마든지 있다. 그런데 지금 바로 오늘 그 꿈을 가지지 않는다면, 우리는 우리의 후배들이 자식들이 흰 가운을 벗어 던지고 또 거리로 나가는 광경을 목격해야 할지도 모른다.

꿈꾸는 젊은 의사들이 혁명을 시작했다. 혁명의 완수는 꿈을 꾸는 의사들의 이상적인 의료시스템의 구축이다. 법이 되었든, 제도가 되었든, 건강보험을 인수하고 심평원을 인수하든, 의사들이 생각하는 이상적인 민영화가 정부의 멍청한 제도보다 더 아름다운 의료 세상으로 실현되기를 기대한다.

에필로그

젊은 의사들의 '가운혁명'은
끝나지 않았다

12월 3일 계엄령이라는 자충수를 끝으로 몰락한 윤석열 대통령은 14일 국회 탄핵을 시작으로 국민의 심판대에 서게 되었다. 수장을 잃은 정부의 정책은 표류하기 시작했고, 대통령의 비겁한 변명을 시작으로 한남동과 광화문과 여의도는 대통령을 지키려는 자와 탄핵시키려는 자들의 전쟁터가 되어 버렸다. 대통령은 공수처에 의해서 체포되어 구치소에 구속되었고, 모든 이슈는 대통령의 일거수일투족에 집중되어 버렸다. 또한 야당 대표의 사법 리스크 또한 집중 조명되면서, 다른 뉴스들은 외면받고 있다.

179명이 사망한 무안국제공항의 제주항공 여객기 사고도 단신처럼 스쳐

지나가고, 에어부산의 보조배터리로 인한 화재사건도 순식간에 잊혀 갔다. 설 연휴 동안 일어났던 의료의 문제도 전혀 다루지 않고 있으며, 코로나 때보다 더 많은 사람이 죽어서 화장터가 모자란 현실에 대해서도 외면하고 있다.

윤석열 대통령을 지지하는 99명의 청년들은 구속영장을 발부한 서부지법을 점거, 폭동을 일으켜 구속되었다. 절차적인 정당성과 사법부의 권위를 무시하는 폭동이다. 대통령은 젊은 의사들에게는 무자비한 정권의 칼을 겨누었으나, 서부지법 폭동으로 구속된 청년들을 향해서는 "꿈을 키워야 하는 청년들이 현실에 좌절하지 않을까 더 걱정"이라는 선택적인 청년 걱정을 하였다. 청년의사들의 '가운혁명'이 더 빛난 것은 말도 안 되는 부조리한 정책에 대해서 어떠한 폭력도 사용되지 않았다는 것이다. 적법을 행하지만 자신에게 저항하는 청년에게는 법정 최고형을 운운하면서도 자신을 위해서 불법을 행한 청년을 걱정하는 것은 법치보다 자신의 입장에 동정하는 사람들이 무조건 옳다는 것을 드러내는 행위였다.

윤석열을 지지하는 자칭 보수라고 하는 사람들은 "나라가 망하는데 의료가 무슨 소용이냐?"라는 의료인들의 가슴에 못을 박는 말을 서슴지 않는다. 하지만, 국가를 구성하는 개개인에게 존엄성의 비중은 동일하다. 대통령이기 때문에 더 존엄하고, 교수이기 때문에 더 존엄하고, 전공의이기 때문에 의대생이기 때문에 덜 존엄하지 않다. 존엄의 가치에서 모든 국민은 평등하다. 개인이 존재하지 않으면 국가도 존재할 수 없다. 국가는 독립된 개인과 개인의 연합에 의해서 이루어진 공동체이다. 개인이 존재하지 않는다면, 민주공화국은 존재할 수 없다. 따라서 개개인의 권리가 공공의 이익이라는 이름으로 함부로 다루어져서는 안 된다. 나의 가치가 중요한 만큼 상대방의 가치가 중요하다.

대통령의 가치가 중요한 만큼 의사 한 명의 가치도 중요하고, 의대생 한 명의 가치도 중요하다. 그래서 민주공화국에서는 특히 보수에게는 절차적인 정당성이 매우 중요하다. 보수의 가치가 무너져도 지금까지 버틸 수 있었던 것은 권력 투쟁에서 지더라도 절차적인 정당성을 늘 지켜왔기 때문이다. 따라서 이번 서부지법의 사태는 어떤 이유에서라도 정당화될 수 없다.

진보진영에서 폭력적으로 나오더라도 보수 진영에서는 절대 폭력을 써서는 안 된다. 보수의 정신은 프랑스혁명에서 나온 것이 아니다. 보수의 핵심가치는 존로크로부터 시작하여 에드먼드버크가 완성한 질서, 안정, 자유, 번영이다.

20년의 배움의 가치를 인정하고 전문성을 인정하는가?
그렇다면 당신은 보수이다.

아무것도 없던 의료의 불모지에서 선진 의료시스템을 만든 의사들의 희생을 인정하는가?
그렇다면 당신은 보수이다.

다른 OECD 국가와 비교하지 않고 우리나라의 독특한 역사와 배경을 이해하여 우리의 의료시스템을 자랑스러워하는가?

그렇다면 당신은 보수이다.

국가가 주는 달콤한 정책에 기대지 않고 정당한 돈을 내고 정당한 치료를 받겠는가?

그렇다면 당신은 보수이다.

보수주의자는 상식에 맞는 삶을 교양으로 살아내야 한다. 스스로 일하고 스스로를 책임지는 그러한 사람이 되어야 한다. 그런 사람을 우리는 시민이라고 부른다.

민주공화국에 사는 보수주의자인 시민은 자신의 행동뿐만 아니라 사회공동체의 결정에도 책임을 져야 한다.

2024년 의정갈등으로 인하여 3조 3천억을 퍼부었던 보건복지부는 앞으로 3년간 10조의 건보료를 투입하겠다고 했다. 이미 2024년에 건강보험료 수지는 11조 3010억 원의 적자를 기록했는데 재정수지의 악화가 심해질 것은 불 보듯 뻔하다.

대한민국의 세계 일류 의료시스템은 돈으로 환산할 수 없는 무형자산이다. 이런 무형자산이 붕괴된 것은 의사 개개인이 20년을 바쳐서 배우고 경험하여 이룬 전문성은 무시하고 한국의 수준에 한참 못 미치는 OECD 평균이라는 근거를 대는 정부의 정책에 찬성한 89%의 국민에게 책임이 있다. 세계에서 가장 부러워하는 무형자산을 붕괴시킨 대가는 앞으로 수십조의 예산을 때려 넣어도 해결되지 않을 것이다.

의료개혁으로 인해서 무너진 의료시스템의 붕괴는 재정의 낭비만 가져온 것이 아니다. 당장 2024년 2월 ~ 7월까지의 통계를 보면 초과사망자(특정 요인 때문에 일정 기간에 얼마나 더 많은 사람이 숨졌는지 통계적으로 추산한 지표)가 3136명에 달한다. 이것은 의료개혁이 아니었다면 살았을 사람이 3136명이라는 것이라는 통계이다. 물론 통계에 잡히지 않은 사람들을 따져 본다면, 그 숫자는 더 많다는 현장에서 일하는 의사들의 소견도 있다.

돈이 마르는 순간 의료개혁도 멈출 것이다. 그런데 국민은 알아야 한다. 1950년대 6·25전쟁이 막 끝난 대한민국은 의료의 불모지였다. 수많은 선배 의사들의 희생과 전통으로 계승되었던 전공의 수련 시스템 아래에서 열심히 노력한 후배 의사들의 희생이 더해져 눈부시게 성장할 수 있었고, 세계 최고의 실력을 갖춘 의료시스템이 된 것이다. 20년간 인생의 황금기를 갈아 넣어 축적되었던 희생의 결정체를 악마화하고 손가락질했던 무지한 89%의 국민이 세계 최고의 의료시스템을 한순간에 붕괴시켰다는 사실을 우리는 깨달아야 한다.

의료개혁은 물거품으로 돌아갈 것이다. 의료개혁이라는 정책은 대가리가 잘려나간 뱀과 같다. 요동치고 몸부림치지만 이미 죽은 것이고 결국에는 그 몸부림도 멈출 것이다. 대통령 탄핵 심판이 마무리되는 3월이 될지 우리는 좀 지켜봐야 한다. 박민수 차관은 2월 3일부터 11일까지 스위스 제네바에서 개최되는 WHO 집행 이사회에 수석대표로 참관하여 국제사회에 보건의료문제 공동 대응을 위해 우리나라가 중추 국가 역할을 하겠다고 강조했다.

아직도 정부는 자신의 정책에 반성은 눈곱만큼도 없다. 하지만, 몸부림이 멈추는 그 순간은 반드시 온다. 그 끝에 가서는 자신들의 무지와 교만에 대한 대가를 치러야 할 것이다. 시간 속에서는 그런 것이 안 보인다. 현재가 영원히 갈 것 같다. 잘나가는 현재가 계속될 것 같고, 힘든 현재가 계속될 것 같다. 그러나, 시간이 지나가면 언제 그랬냐는 듯이 상황은 바뀌고, 나약한 인간들은 그 시간의 기억들을 잊어버리고 또 현재를 살아간다. 현실을 살다 보면 근본적인 문제는 바뀌지 않고, 또 반복되는 상황을 맞이하게 된다.

의료개혁이라는 이름으로 시작된 의료 붕괴도 반드시 끝을 맺을 것이다. 그러나, 현실을 지독하게 살아내다 보면, 의료개혁이라는 이름으로 의료 시스템을 붕괴시키고자 하는 사람들이 또 생길 것이다. 그때, 또 의사들은 당할 것이다. 국민들은 또 정책에 찬성할 것이다. 그 시간에 갇혀서, 근시안적으로 바라보면, 지금과 같은 일은 다시 일어나게 된다. 그때 목적을 가진 정부와 현재만 바라보는 국민을 어떻게 설득할 것인가?

시간 속에서 벗어나서 장기적인 시각으로 바라보면 놓쳐서는 안되는 순간들이 보인다. 그 놓쳐서는 안되는 순간들을 누군가는 기록으로 남겨야 한다. 그래야 우리의 후배들이 미래에 당황스러운 순간에 지금의 기록을

꺼내 보면서 무엇을 했는지 왜 했는지 어떻게 했는지 그래서 어떤 결과를 가져왔는지 알게 될 것이다.

국민들도 준비가 안 된 의료개혁의 수업료를 얼마나 지불했는지, 얼마나 많은 사람들의 희생을 가져왔는지 알아야 한다. 오늘에 이 기록을 보는 모든 국민들이 각성하여 다시는 비싼 수업료를 지불하지 않고 더 발전적인 일을 할 수 있다면, 젊은 의사들의 희생과 필자의 기록은 의미 있는 '가운혁명'으로 완성될 것이다.

가운혁명

초판 1쇄 인쇄	2025년 3월 20일
초판 1쇄 발행	2025년 3월 25일
지은이	김달현(도리킴)
펴낸이	전익균
이사	정정오, 윤종옥, 김기충
기획	조양제, 김도연
편집	김혜선, 전민서, 백연서, 김정
관리	이지현, 김영진
마케팅	(주)새빛컴즈
유통	새빛북스
펴낸곳	도서출판 새빛
출판등록	2010년 7월 12일 제215-92-61832호
전화	02-2203-1996, 031-427-4399
팩스	050-4328-4393
ⓒ	김달현(도리킴) 2025
ISBN	979-11-91517-98-9 03330